LA FRANCE

ET LES

TRAITÉS DE COMMERCE

OU

TARIFS DES DROITS DE DOUANES

APPLICABLES AUX PRODUITS COMPRIS DANS LES CONVENTIONS INTERNATIONALES

conclues avec

l'Angleterre, l'Autriche, la Belgique, le royaume d'Italie, la Norwége, les Pays-Bas, les États-Pontificaux, le Portugal, la Suède, la Suisse et le Zollverein

PRÉCÉDÉS DU TARIF CONVENTIONNEL FRANÇAIS)

PAR

M. ÉMILE FOUCART

VÉRIFICATEUR DES DOUANES A HONFLEUR

Il faut multiplier les moyens d'échange pour rendre le commerce florissant; sans concurrence, l'industrie reste stationnaire et conserve des prix élevés qui s'opposent aux progrès de la consommation.

NAPOLÉON III.

PARIS

GUILLAUMIN ET Cᵉ, ÉDITEURS

du Journal des Économistes, de la Collection des principaux Économistes, du Dictionnaire universel du Commerce et de la Navigation, du Dictionnaire de l'Économie politique, etc.

14, RUE RICHELIEU, 14

1869

LA FRANCE

ET

LES TRAITÉS DE COMMERCE

LA FRANCE

ET LES

TRAITÉS DE COMMERCE

OU

TARIFS DES DROITS DE DOUANES

APPLICABLES AUX PRODUITS COMPRIS DANS LES CONVENTIONS INTERNATIONALES

conclues avec

l'Angleterre, l'Autriche, la Belgique, le royaume d'Italie.
la Norwége, les Pays-Bas, les États-Pontificaux, le Portugal,
la Suède, la Suisse et le Zollverein

(PRÉCÉDÉS DU TARIF CONVENTIONNEL FRANÇAIS)

PAR

M. ÉMILE FOUCART

VÉRIFICATEUR DES DOUANES A HONFLEUR

> Il faut multiplier les moyens d'échange pour
> rendre le commerce florissant ; sans concur-
> rence, l'industrie reste stationnaire et conserve
> des prix élevés qui s'opposent aux progrès de la
> consommation.
>
> NAPOLÉON III.

PARIS

GUILLAUMIN ET Cᵉ, ÉDITEURS

du Journal des Économistes, de la Collection des principaux Économistes, du Dictionnaire universel
du Commerce et de la Navigation, du Dictionnaire de l'Économie politique, etc.

14, RUE RICHELIEU, 14

1869

PRÉFACE

Des traités de commerce, ayant surtout pour but de faciliter les échanges internationaux, ont été conclus par la France avec l'Angleterre, l'Autriche, la Belgique, le royaume d'Italie, la Norwége, les Pays-Bas, les États-Pontificaux, le Portugal, la Suède, la Suisse et le Zollverein (1).

Plusieurs de ces traités ont été l'objet de critiques vives et souvent passionnées. Leurs dispositions fondamentales, — le remplacement des prohibitions douanières par des droits protecteurs justement gradués, le remaniement des tarifs grevant certains articles dont l'importation était autorisée, — devaient, disait-on, amener la ruine de l'industrie nationale et chasser de nos ateliers ces nombreuses populations qui travaillent, avec tant d'intelligence, la laine, le coton, le fer, etc.

Comme il était facile de le prévoir, les craintes manifestées, les périls signalés ne se sont pas réalisés.

(1) Il existe en France, pour la perception des droits de douanes, deux tarifs distincts : l'un, appelé tarif général, est applicable aux marchandises importées des pays avec lesquels nous n'avons pas de traités de commerce ; l'autre, désigné sous le nom de tarif conventionnel, — et beaucoup plus libéral que le précédent, — comprend les produits soumis à un régime particulier, en vertu des arrangements conclus avec l'Angleterre, l'Autriche, la Belgique, le royaume d'Italie, la Norwége, les Pays-Bas, les États-Pontificaux, le Portugal, la Suède, la Suisse et le Zollverein. Ce dernier tarif ouvre la série des tableaux formant le présent volume.

Viennent ensuite des Etats indiquant les taxes de faveur dont sont passibles les marchandises françaises à leur introduction dans chacun des pays précités.

En comparant ces documents, nos lecteurs verront quels ont été les avantages concédés par le Gouvernement impérial et ceux qu'il a obtenus. Afin, du reste, de rendre cette comparaison plus prompte, plus facile, nous avons placé par ordre alphabétique et syllabique tous les articles mentionnés aux traités. Nous avons, en outre, converti en unités françaises les poids, mesures et monnaies en usage dans les Etats contractants.

Obligés de lutter avec de puissants rivaux, nos manufacturiers ont cherché une solution à ce double problème : produire mieux et à meilleur marché que par le passé. Cette solution, ils l'ont trouvée en perfectionnant leurs procédés de fabrication, en réformant leur outillage insuffisant, arriéré, et, loin d'être anéantie, l'industrie française est sortie plus florissante, plus vivace que jamais, de la lutte dans laquelle elle était engagée.

L'expérience a ainsi donné un éclat nouveau à cette vérité, qu'au-dessus de la concurrence intérieure, dont on ne saurait dénier ni les grands résultats ni les bienfaits, la concurrence internationale « révèle des forces, met en mouvement des intelligences et « des activités qui, sans elle, seraient restées inertes, impuissantes, « ignorées de ceux-là même qui sont appelés à enrichir le pays » (1).

Ajoutons que les conventions commerciales doivent toujours être envisagées à deux points de vue : leur valeur intrinsèque et leur mérite par rapport aux grands intérêts nationaux. Toute convention réglant équitablement les conditions du trafic entre deux États détermine, de peuple à peuple, des affinités dont le propre est de fortifier l'harmonie, la bonne intelligence, l'amour de l'ordre et du repos. Elle forme ainsi des liens solides, gages de sécurité à l'abri desquels s'élaborent les améliorations sociales, le progrès des arts, le développement de la fortune publique.

Ces pensées ont dirigé les négociations entreprises jusqu'ici par le Gouvernement impérial. Puissent-elles inspirer des traités prochains avec ces contrées éloignées que notre civilisation, nos industries, notre pavillon, ont à peine encore visitées ! Le jour où les intérêts économiques des diverses nations seront étroitement solidaires, la paix du monde sera assurée.

ÉMILE FOUCART.

Honfleur, le 10 janvier 1869.

---

(1) Rapport adressé à l'Empereur par MM. Baroche et Rouher, plénipotentiaires du traité de commerce conclu, le 23 janvier 1860, avec l'Angleterre.

TARIF CONVENTIONNEL FRANÇAIS

DÉNOMINATION DES PRODUITS. (1)	UNITÉS sur lesquelles portent les droits. (2)	DROITS (DÉCIMES COMPRIS) applicables par navires français ou sous pavillon des pays contractants et par terre.
Abaca. Filaments bruts, teillés, peignés, tordus.	. . . . . .	Exempts.
— Cordages d'abaca.	100 k. n.	15 »
— Fils d'abaca.	la valeur.	5 0/0
— Tissus d'abaca.	id.	10 0/0
Acétate de fer liquide.	. . . . . .	Exempt.
— de soude, anhydre.	100 k. b.	4 »
— de soude, cristallisé ou hydraté.	id.	3 80
Acides arsénieux, benzoïque, borique, citrique et gallique.	. . . . .	Exempts.
— hydrochlorique (acide muriatique ou chlorhydrique).	100 k. b.	» 30
— nitrique et oléique.	. . . . .	Exempts.
— oxalique.	100 k. b.	10 »
— sulfurique et tartrique.	. . . . . .	Exempts.
Acide stéarique. En masse.	. . . . . .	id.
— — Ouvré.	la valeur.	5 0/0
Acier. Acier en barres *de toute espèce* et feuillard.	100 k. b.	9 »
— en tôle ou en bandes brunes, laminées à chaud, d'une épaisseur supérieure à 1 demi-millimètre.	id. n.	11 25

(1) Voir, pour les menus objets compris aux traités, les mots *Bimbelotterie, Boissellerie, Mercerie* et *Tabletterie.*

(2) Les lettres *b* et *n* placées dans cette colonne ont pour but d'indiquer si, pour les marchandises taxées spécifiquement, les droits sont perçus sur le poids brut ou sur le poids net.

Acier en tôle ou en bandes brunes, laminées à chaud, de 1 demi-millimètre d'épaisseur ou moins.	100 k. n.	15 »
— en tôle ou en bandes blanches, laminées à froid, quelle que soit l'épaisseur.	id.	15 »
— filé, même blanchi, pour cordes d'instruments et tiges droites d'acier filé, destinées à la confection des montures de parapluies.	id.	20 »
Acier ouvré.		
— Toiles métalliques.	id. b.	10 »
— Petits objets en acier (tels que perles, coulants, broches et dés à coudre).	id. n.	20 »
— Aiguilles à coudre ayant en longueur moins de 5 centimètres.	id.	200 »
— Aiguilles à coudre ayant en longueur 5 centimètres ou plus (1).	id.	100 »
— Articles de ménage et autres ouvrages en acier pur non dénommés.	id.	20 »
Agaric préparé (amadou).	100 k. b.	2 »
Agates et pièces de même espèce, ouvrées.	la valeur.	10 0/0
Albâtres de toute sorte. Albâtres bruts ou équarris.	. . . . .	Exempts.
— sciés ayant en épaisseur 16 centimètres ou plus.	. . . . .	id.
moins de 16 centimètres.	100 k. b.	1 50
— sculptés, moulés ou polis :		
Statues modernes.	. . . . .	Exempts.
Autres ouvrages.	100 k. b.	1 50
Albumine.	. . . . .	Exempte.
Albums.	100 k. n.	60 »
Alcools, par 100 degrés, en sus des droits de consommation (2).	L'hectolitre d'alcool pur.	15 »
Allumettes chimiques.	la valeur.	5 0/0
Alpaga (fils et tissus purs ou mélangés).	Même régime que les fils et tissus de laine.	
Aluminate de soude.	la valeur.	10 0/0 plus 70 c. par 100 k. b.
Aluminium.	id.	10 0/0
Ambre gris.	100 k. b.	2 »
Amidon.	id.	1 50

(1) Les grosses aiguilles de matelassier, de voilier, sont taxées comme outils en acier. (Droit de 20 francs les 100 kilogr. nets.)
(2) Ces droits s'élèvent à 90 francs par hectolitre d'alcool pur.

Ammoniac (sel brut ou raffiné).	la valeur.	5 0/0 plus 3 francs par 100 k. b.
Ancres pour la marine.	100 k. b.	8 »
Antimoine (1), minerai.	. . . . .	Exempt.
— sulfuré fondu.	. . . . .	id.
— métallique ou régule.	100 k. b.	6 »
Ardoises de construction, brutes.	. . . . .	Exemptes.
— pour toiture.	le mille.	4 »
... nues ou encadrées.	100 k. b.	3 75
— en carreaux ou en tables.	. . . .	Exemptes.
Argent. (Bijouterie et orfèvrerie d').	100 k. n.	500 »
— battu, en feuilles.	id.	2000 »
Armes de commerce, blanches.	id.	40 »
— à feu.	id.	240 »
Arsenic métallique, minerai et sulfure.	. . . . .	Exempt.
Articles d'emballage ayant déjà servi.	. . . . .	id.
Azur (bleu de cobalt ou bleu d'émail).	. . . . .	id.
Balais communs en bois.	. . . . .	Exempts.
— en crin.	la valeur.	10 0/0
Baleine. Blanc de baleine.	100 k. b.	2 »
— Fanons de baleine, bruts.	. . . . .	Exempts.
Barbotine (ou semencine).	. . . . .	id.
Bastings (cordes et câbles de fibres de coco).	100 k. b.	6 »
Bateaux de rivière (2), en bois.	le tonneau de jauge française.	10 »
— en fer.		40 »

(1) Les produits de laboratoire dont l'antimoine est la base suivent le régime qui leur est propre.

(2) On considère comme bâtiments de mer ceux qui sont destinés à naviguer en mer ou dans la partie des fleuves soumise à la police des douanes. Ceux qui doivent servir dans la partie supérieure des fleuves sont passibles du droit des bateaux de rivière. Des bâtiments de mer qui viendraient à être affectés ultérieurement à la navigation fluviale devraient acquitter la différence entre la taxe des bâtiments de mer et celle des bateaux de rivière.

Quant à la dénomination *de coques de bâtiments de mer*, elle comprend, indépendamment de la coque proprement dite, les bas mâts, les porte-haubans et les chaînes ou lattes de porte-haubans.

Le nombre de tonneaux à soumettre aux droits se calcule d'après la jauge française, sans déduction, pour les bateaux à vapeur, de l'espace occupé par les machines. Il n'y a pas à distinguer entre les bâtiments neufs et ceux qui ont servi.

Le droit d'importation comprend, outre les embarcations destinées au service du bord, les agrès et apparaux, et le mobilier nécessaire pour la navigation. On assujettit séparément aux taxes qui leur sont propres les embarcations qui, bien qu'importées avec le bâtiment lui-même, devraient être affectées à un autre service que celui du bord, les articles de remplacement excédant les limites d'un approvisionnement normal, enfin les meubles meublants, la literie, le linge, la vaisselle, etc. Relativement au lest en métal et aux machines motrices, une distinction est à faire : s'ils sont placés sur un bâtiment de mer, la francisation leur est applicable, en vertu de la loi du 19 mai 1866, et du décret du 8 juin suivant ; s'ils dépendent d'un bateau de rivière, ils sont imposés séparément.

Les machines des bâtiments de mer admises en franchise, par application de la loi

Bâtiments de mer, en bois ou en fer, construits dans les pays contractants : à voiles ou à vapeur, gréés et armés.	le tonneau de jauge française.	2 »
— coques de bâtiments de mer.	id.	2 »
Betteraves.	. . . . .	Exemptes.
Beurre frais ou fondu.	. . . . .	id.
— salé.	100 k. b.	2 50
Bicarbonate de soude	100 k. b.	4 20
Bière.	l'hectolitre.	4 40
Bijouterie en or, argent, platine ou autres métaux.	100 k. n.	500 »
Bimbelotterie (1).	la valeur.	10 0/0
Bismuth (étain de glace).	. . . . .	Exempt.
Bitumes solides ou fluides.	. . . . .	id.
Bleu de Prusse.	. . . . .	id.
Bœufs.	par tête.	3 60
Bois à brûler (en bûches, en rondins, en fagots).	. . . . .	Exempts.
— en éclisses.	1000 feuilles.	» 10
— feuillard et merrains.	. . . . .	Exempts.
— à construire (2).	. . . . .	id.
— Charbon de bois.	. . . . .	id.
— Perches et échalas.	les 1000.	» 25

du 19 mai 1866, devraient acquitter la taxe conventionnelle qui leur est propre, si le navire venait à être affecté à la navigation fluviale.

Les navires achetés à l'étranger pour être francisés peuvent être autorisés par nos consuls à porter provisoirement le pavillon français après constatation de la réalité de l'acquisition. Dans cet objet, les consuls délivrent aux capitaines des congés qui confèrent aux bâtiments et à leurs cargaisons le bénéfice du traitement national à l'arrivée en France. Les navires peuvent d'ailleurs être expédiés du lieu d'achat, soit pour un port français, avec faculté de faire escale dans les ports étrangers situés sur leur route, soit pour un pays étranger. Dans le premier cas, ils acquittent les droits d'importation à l'arrivée en France; dans le second cas, les armateurs sont tenus de remettre au consul qui délivre le congé le montant présumé des droits, d'après le tonnage déclaré des navires, avec une soumission portant engagement de payer en France, au retour des bâtiments, le complément de droits qui serait reconnu exigible.

(1) Les poupées de carton à tête en porcelaine sont traitées comme bimbelotterie. On range également dans cette classe tous les jouets confectionnés en partie soit avec de la porcelaine, soit avec du grès fin ou d'autres poteries. Les jouets entièrement en porcelaine, en grès fin, etc., restent dès lors seuls passibles du droit des poteries.

A l'égard des jouets en métal, on perçoit, au choix des déclarants, la taxe spéciale à la bimbelotterie ou le droit des ouvrages en métaux. Dans le dernier cas, s'il s'agit de jouets composés de divers métaux, ces jouets suivent le régime du métal dominant au poids. Les jouets partie en métal, partie en d'autres matières, sont soumis uniformément à la taxe de la bimbelotterie. Ceux dont l'or ou l'argent forme la partie principale sont traités comme orfèvrerie.

(2) Les planches de sapin rabotées, blanchies sur une de leurs faces, et présentant une rainure latérale destinée à en faciliter l'assemblage, sont admises en exemption de droits.

Ouvrages en bois.

— Futailles vides, balais communs, avirons, rames, pelles, fourches, râteaux, plats, cuillers, écuelles et autres articles de ménage; manches d'outils avec ou sans virole.	. . . . . .	Exempts.	
— Moules de boutons.	100 k. n.	13	»
— Sabots communs.	id.	12	»
— Peints ou vernis.	id.	25	»
— Garnis de fourrure.	la valeur.	10	0/0
— Boîtes de bois blanc et autres ouvrages non dénommés.	id.	10	0/0
— Ouvrages en bois tourné, vernis ou ornés.	100 k. n.	60	»
— Meubles en bois courbé (1).	100 k. b.	7	»
— Meubles autres qu'en bois courbé.	la valeur.	10	0/0
Bois de teinture, en bûches et moulus.	. . . . . .	Exempts.	
Boissellerie (2).	100 k. b.	4	»
Borax brut.	. . . . . .	Exempt.	
Bougies *de toute sorte.*	la valeur.	5	0/0
Bouteilles pleines ou vides.	100 k. b.	1	30
Brai (gras et sec).	. . . . . .	Exempt.	
Breloques en verre, colorées ou non.	100 k. n.	20	»
Briques.	. . . . . .	Exemptes.	
Brome.	. . . . . .	Exempt.	
Brosserie *de toute espèce.*	la valeur.	10	0/0
Bruyères à vergette, brutes.	. . . . . .	Exemptes.	
— dépouillées de leurs barbes.	100 k. b.	»	50
Bulbes ou oignons, autres que d'asphodèle.	. . . . . .	Exempts.	
Byssus de pinnes marines.	. . . . . .	Exempts.	
Câbles en fer.	100 k. b.	8	»
— Câbles de fibres de coco (bastings).	id.	6	»
— Câbles de sparte de tous calibres, en fils ou tresses :			
Battues.	id.	6	»
Non battues.	id.	2	40
— Câbles de tilleul et de joncs.	id.	2	40
— Autres câbles.	id. n.	15	»
Cacao simplement broyé.	id.	35	»

(1) Les importateurs ont la faculté de demander l'application du droit de 10 p. 100 de la valeur.

(2) On range sous cette dénomination les fléaux et autres instruments aratoires simples (sauf les pelles, les fourches et les râteaux qui sont admissibles en franchise), les barils de moins de 10 litres de contenance, les fuseaux et les chevilles, les malles et caisses non garnies, les boîtes en bois commun et d'un travail grossier, les chaufferettes non garnies, les marche-pieds, les échelles, les porte-manteaux, les cribles et les fonds de cribles, les encadrements pour ardoises et autres cadres communs.

Les importateurs ont d'ailleurs la faculté de demander l'application du droit de 10 p. 100 de la valeur.

Cachalot (blanc de).	100 k. b.	2 »
Cadmium brut.	. . . . . .	Exempt.
Café.	100 k. n.	55 40
Calamine grillée.	. . . . .	Exempte.
Camphre brut ou raffiné.	100 k. b.	2 »
Cantharides *desséchées*.	id.	2 »
Caoutchouc pur ou mélangé.	100 k. n.	20 »
— Appliqué sur tissus en pièces ou sur d'autres matières.	id.	100 »
— En tissus élastiques (pièces de toutes dimensions).	id.	200 »
— Chaussures.	id.	60 »
— Vêtements confectionnés.	id.	120 »
Caractères d'imprimerie neufs ou pouvant encore servir.	id. b.	8 »
— Hors d'usage.	id.	3 »
Carbonates de magnésie, de plomb, de potasse.	. . . . .	Exempts.
Carbonates de soude : cristaux de soude.	100 k. b.	1 90
Sels de soude titrant :		
Au moins 60 degrés.	id.	4 10
Moins de 60 degrés.	id. n.	14 »
Carillons à musique (1).	la pièce.	5 »
Carmins *de toute sorte*.	. . . . .	Exempts.
Carreaux de terre (poterie grossière).	. . . . .	id.
Carrosserie.	la valeur.	10 0/0
Cartes géographiques et marines.	. . . . .	Exemptes.
— à jouer.	la valeur.	15 0/0 (2)
— de visite.	id.	10 0/0
Carton en feuilles *de toute sorte*.	100 k. b.	8 »
— moulé (dit papier mâché), coupé et assemblé.	la valeur.	10 0/0
Castoréum.	100 k. b.	2 »
Cendres bleues ou vertes, vives et lessivées.	. . . . . .	Exemptes.
Chaînes en fer.	100 k. b.	8 »
Champignons.	. . . .	Exempts.
Chandelles.	la valeur.	5 0/0
Chanvre : lin ou chanvre peigné.	. . . . . .	Exempt.
— Fils de lin ou de chanvre purs, simples, écrus, mesurant au kilogramme : 6,000 mèt. ou moins.	100 k. n.	15 »
— plus de 6,000 mètres ; pas plus de 12,000.	id.	20 »
— plus de 12,000 mètres ; pas plus de 24,000.	id.	30 »
— plus de 24,000 mètres ; pas plus de 36,000.	id.	36 »
— plus de 36,000 mèt. ; pas plus de 72,000.	id.	60 »

(1) Les importateurs ont la faculté de demander l'application du droit de 5 p. 100 de la valeur.

(2) Plus 48 centimes par jeu.

Chanvre plus de 72,000 mètres.	100 k. n.	100 »
— Fils de lin ou de chanvre purs, simples, blanchis ou teints, mesurant au kilogramme : 6,000 mètres ou moins.	id.	20 »
— plus de 6,000 mètres, pas plus de 12,000.	id.	27 »
— plus de 12,000 mètres ; pas plus de 24,000.	id.	40 »
— plus de 24,000 mètres ; pas plus de 36,000.	id.	48 »
— plus de 36,000 mètres ; pas plus de 72,000.	id.	80 »
— plus de 72,000 mètres.	id.	133 »
— Fils retors, écrus.	Droit afférent au fil simple écru employé au retordage, augmenté de 30 0/0.	
— Fils retors, blanchis ou teints.	Droit afférent au fil simple, teint ou blanchi, employé au retordage, augmenté de 30 0/0.	
(Les fils de lin ou de chanvre mélangés suivent le même régime que les fils de lin ou de chanvre purs, pourvu que le lin ou le chanvre domine en poids.)		
— Tissus de lin ou de chanvre unis ou ouvrés écrus, présentant en chaîne dans l'espace de 5 millim. carrés :		
— 5 fils ou moins.	100 k. b.	5 »
— 6, 7 et 8 fils.	id. n.	28 »
— 9, 10 et 11 fils.	id.	55 »
— 12 fils.	id.	65 »
— 13 et 14 fils.	id.	90 »
— 15, 16 et 17 fils.	id.	115 »
— 18, 19 et 20 fils.	id.	170 »
— 21, 22 et 23 fils.	id.	260 »
— 24 fils et au-dessus.	id.	300 »
— Tissus de lin ou de chanvre unis ou ouvrés blanchis, teints ou imprimés, présentant en chaîne dans l'espace de 5 millimètres carrés :		
— 8 fils ou moins.	100 k. n.	38 »
— 9, 10 et 11 fils.	id.	70 »
— 12 fils.	id.	95 »
— 13 et 14 fils.	id.	120 »
— 15, 16 et 17 fils.	id.	155 »
— 18, 19 et 20 fils.	id.	230 »
— 21, 22 et 23 fils.	id.	350 »

— 24 fils et au-dessus.	100 k. n.	400	»
— Coutils unis ou façonnés, écrus, blanchis, teints ou imprimés; linge damassé.	la valeur.	16	0/0
— Batiste, linons, mouchoirs encadrés, non brodés.	Même régime que les toiles unies.		
— Dentelles de lin.	la valeur.	5	0/0
— Tulles de lin, bonneterie de lin, passementerie de lin, rubanerie de fil, écrue, blanchie ou teinte.	id.	15	0/0

Vêtements et articles confectionnés en tout ou en partie.

— en coutils ou en linge damassé.	id.	16	0/0
— en autres tissus.	id.	15	0/0
— Articles non dénommés.	id.	15	0/0
— Tissus mélangés, le lin ou le chanvre dominant en poids.	id.	15	0/0
Chapeaux de crin.	id.	10	0/0
— de feutre et de soie.	id.	10	0/0
— de paille.	100 k. b.	10	»
Châtaignes et leurs farines.	. . . . . .	Exemptes.	
Chaudronnerie.	100 k. n.	20	»
Chaux.	. . . . . .	Exempte.	
Cheveux ouvrés.	. . . . . .	id.	
Chicorée. Chicorée brûlée ou moulue.	100 k. b.	5	»
— Racines de chicorée :			
sèches.	id.	1	»
vertes.	id.	»	25
Chiffons imprégnés de couleur bleue.	. . . . . .	Exempts.	
Chlorate de potasse.	100 k. n.	32	35
Chloroforme (1).	la valeur.	5	0/0
Chlorure d'aluminium.	id.	10	0/0
— de chaux.	100 k. b.	3	55
— de magnésium.	id.	»	40
— de potassium (*hydrochlorate ou muriate de potasse.*)	. . . . . .	Exempt.	
Chocolat.	100 k. n.	35	»
Chromates et sous-chromates de plomb et de potasse.	la valeur.	10	0/0
Cidre.	l'hectolitre de liquide.	»	25
Cirage *de toute sorte.*	100 k. b.	4	»
Cire brute (blanche, brune ou jaune).	id.	1	»
— ouvrée (bougies non comprises).	id.	4	»

(1) Le chloroforme est soumis à une taxe supplémentaire de 180 francs par 100 kilogr., représentant la quantité d'alcool (2 litres par kilogr.) employée dans sa fabrication.

Cire à cacheter.	100 k. n.	30 »
Citrate de chaux.	. . . . . .	Exempt.
Civette.	100 k. b.	2 »
Clichés avec ou sans dessins.	id.	8 »
Cobalt. Composés du cobalt et cobalt vitrifié.	. . . . . .	Exempts.
Coke.	100 k. b.	» 12
Colle-forte.	. . . . . .	Exempte.
Colle de poisson.	100 k. n.	40 »
Coquillages pleins (moules et autres).	. . . . . .	Exempts.
Corail naturel (brut et taillé non monté).	. . . . . .	id.
— factice en verre.	100 k. n.	20 »
Cordages (voir le mot Câbles).		
Cordes en chanvre.	id.	15 »
Cornes de bétail brutes.	. . . . . .	Exemptes.
— préparées ou en feuillets de toute dimension.	100 k. b.	3 »
Coton (1) en laine, de l'Inde.	. . . . . .	Exempt.
— non égrené, de l'Inde.	. . . . . .	id.
— en feuilles cardées ou gommées (*ouate*).	100 k. b.	10 »
Coton. Fils de coton pur, simples, écrus, mesurant au demi-kilogramme : 20,500 mètres ou moins.	100 k. n.	15 »
— plus de 20,500 mètres ; pas plus de 30,500.	id.	20 »
— plus de 30,500 mètres ; pas plus de 40,500.	id.	30 »
— plus de 40,500 mètres ; pas plus de 50,500.	id.	40 »
— plus de 50,500 mètres ; pas plus de 60,500.	id.	50 »
— plus de 60,500 mètres ; pas plus de 70,500.	id.	60 »
— plus de 70,500 mètres ; pas plus de 80,500.	id.	70 »
— plus de 80,500 mètres ; pas plus de 90,500.	id.	90 »
— plus de 90,500 mètres ; pas plus de 100,500.	id.	100 »
— plus de 100,500 mètres ; pas plus de 110,500.	id.	120 »
— plus de 110,500 mètres ; pas plus de 120,500.	id.	140 »
— plus de 120,500 mètres ; pas plus de 130,500.	id.	160 »
— plus de 130,500 mètres ; pas plus de 140,500.	id.	200 »

(1) Le régime des cotons de l'Inde est applicable aux cotons provenant de tous les pays situés à l'ouest du cap Horn ou à l'est du cap de Bonne-Espérance.

Coton. plus de 140,500 mètres ; pas plus de 170,500.	100 k. n.	250 »
— plus de 170,500 mètres.	id.	300 »
— Fils de coton pur, simples, blanchis.	Le droit sur le fil simple écru augmenté de 15 0/0.	
— Fils de coton pur, simples, teints.	Le droit sur le fil simple écru augmenté de 25 fr. par 100 k. n.	
— Fils de coton pur, retors en deux bouts :		
écrus.	Le droit afférent au numéro du fil simple employé au retordage augmenté de 30 0/0.	
blanchis.	Le droit sur le fil écru retors en deux bouts augmenté de 15 0/0.	
teints.	Le droit sur le fil écru retors en deux bouts augmenté de 25 fr. par 100 kilog. nets.	
— pour les fils de coton pur, retors en trois bouts, ou plus, les droits sont établis de la manière suivante :		
— A simple torsion, les 1,000 mètres de longueur : 6 centimes.		
— A plusieurs torsions ou câbles, les 1,000 mètres de longueur, 12 cent.		
— Fils ourdis en chaîne, écrus, blanchis ou teints. Mêmes droits que les fils de coton retors en deux bouts, selon l'espèce et le degré de finesse.		
— Fils de coton mélangé, le coton dominant en poids. Mêmes droits que les fils de coton pur.		
— Tissus de coton pur, écrus, unis, croisés, coutils : pesant 11 kil. et plus les 100 mètres carrés : de 35 fils et au-dessous, aux 5 millim. carrés,	100 k. n.	50 »
— de 36 fils et au-dessus.	id.	80 »
— Tissus de coton pur, écrus, unis, croisés, coutils, pesant de 7 à 11 kil. exclusivement les 100 m. carrés.		
de 35 fils et au-dessous.	id.	60 »
— de 36 à 43 fils.	id.	100 »
— de 44 fils et au-dessus.	id.	200 »
— Tissus de coton pur, écrus, unis, croisés, coutils, pesant de 3 à 7 kil. exclusivement les 100 mètres carrés :		

Coton. de 27 fils et au-dessous.	100 k. n.	80	»
— de 28 à 35 fils.	id.	120	»
— de 36 à 43 fils.	id.	190	»
— de 44 fils et au-dessus.	id.	300	»
— Tissus de coton pur, blanchis.	15 0/0 en sus du droit sur l'écru.		
— id. teints.	25 fr. par 100 k. n. en sus du droit sur l'écru.		
— id. imprimés.	la valeur.	15	0/0

Tissus de coton pur.

— Velours, façon soie, dits velvets, écrus.	100 k. n.	85	»
— Velours, id. id. teints ou imprimés.	id.	110	»
— Velours, autres (*cords*, moleskins) écrus.	id.	60	»
— Velours, id. id. id. teints ou imprimés.	id.	85	»
— Broderies à la main ou à la mécanique.	la valeur.	10	0/0
— Dentelles et blondes.	id.	5	0/0
— Piqués, basins, façonnés, damassés et brillantés.	id.	15	0/0
— Couvertures et tissus de coton écrus, unis ou croisés, pesant moins de 3 kilog. par 100 mètres carrés.	id.	15	0/0
— Gazes et mous^{lines} brochées ou brod^{ées}.	id.	10	0/0
— Vêtements et articles confectionnés.	id.	15	0/0
— Articles non dénommés.	id.	15	0/0
— Tissus de coton mélangé, le coton dominant en poids.	id.	15	0/0
— Tulles unis ou brodés en coton pur, ou en coton mélangé, le coton dominant en poids.	id.	15	0/0
Couleurs non dénommées, sèches, en pâte ou liquides.	. . . . . .	Exemptes.	
Coutellerie de toute espèce.	la valeur.	15	0/0
Crayons simples, en pierre.	100 k. b.	1	»
— composés, à gaîne de bois.	la valeur.	10	0/0
Crème de tartre.	. . . . . .	Exempte.	
Crins bruts, préparés ou frisés.	. . . . . .	Exempts.	
— Ouvrages en crin (purs ou mélangés).	la valeur.	10	0/0

Tissus de crin pur ou mélangé.

— Tresses (1).	100 k. n.	160	»
— Autres tissus.	la valeur.	10	0/0

(1) Les importateurs ont la faculté de demander l'application du droit de 10 p. 100 de la valeur.

Cristal de roche brut et ouvré.	. . . . .	Exempt.
— monté.	100 k. n.	500 »
Cristaux de soude.	id. b.	1 90
— de tartre.	. . . . .	Exempts.
Cudbéard (Orseille violette).	la valeur.	5 0/0
Cuivre. Minerai, limailles et débris de vieux ouvrages.	. . . . .	Exempts.
Cuivre pur ou allié de zinc ou d'étain :		
— De première fusion, en masses, barres, saumons ou plaques.	. . . . .	id.
— Laminé ou battu, en barres ou planches.	100 k. b.	10 »
— En fils de toute dimension, polis ou non, autres que dorés ou argentés.	id.	10 »
— Toiles métalliques en cuivre ou en laiton.	id. n.	20 »
— Cuivre doré ou argenté, en masses ou en lingots, battu, tiré, laminé ou filé sur fil ou sur soie.	id.	100 »
— Cylindres en cuivre ou en laiton pour impression, gravés ou non.	100 k. n.	15 »
— Objets d'art et d'ornement et tous autres ouvrages en cuivre pur ou allié de zinc ou d'étain.	id.	20 »
— Chaudronnerie.	id.	20 »
Curcuma en poudre ou en racine.	. . . . .	Exempt.
Dégras de peaux.	. . . . .	Exempts.
Dents de loup.	. . . . .	Exemptes.
Dérivés de l'essence de houille (c'est-à-dire la nitrobenzine, l'aniline, l'acide phénique, l'acide picrique ou carbazotique et la naphtaline).	la valeur.	5 0/0
Dessins *de toute sorte* sur papier.	. . . . .	Exempts.
Duvet	100 k. b.	3 50
Eaux minérales (gazeuses et autres) cruchons compris.	. . . . .	Exemptes.
— Eaux-de-vie en bouteilles (1).	l'hectolitre de liquide.	15 »
— Eaux-de-vie en bonbonnes ou en fûts (1).	l'hectolitre d'alcool pur.	15 »
Ecarlate (graines d').	. . . . .	Exemptes.
Ecorces médicinales.	. . . . .	id.
— A tan, de toute sorte, moulues ou non.	. . . . .	id.

(1) Aux taxes indiquées ci-contre, il faut ajouter les droits de consommation s'élevant à 90 francs par hectolitre d'alcool pur.

Tresses ou nattes :		
— Grossières pour paillassons.	100 kil. b.	2 »
— Autres, de toute sorte.	id.	5 »
— Tissus d'écorce.	la valeur.	10 0/0
Ecossines brutes, taillées ou sciées.	. . . . . .	Exemptes.
— *Sculptées ou polies :*		id.
Statues modernes.	. . . . . .	» 50
Autres ouvrages.	100 k. b.	5 0/0
Ecume de mer (pipes et autres ouvrages).	la valeur.	3 75
Email en masses ou en tubes.	100 k. b.	20 »
Encre à dessiner, à écrire ou à imprimer.	id. n.	Exempts.
Engrais.	. . . . . .	
Epices préparées. Moutarde liquide ou com-posée.	100 k. b.	5 »
— Sauces.	id. n.	25 »
— Autres épices.	id.	240 »
Epingles de toute sorte (1).	id.	50 »
Eponges de toute sorte (2).	id.	50 »
Essence de houille.	la valeur.	5 0/0
Essences ou huiles volatiles. De rose.	100 k. n.	4800 »
— De bois de Rhodes, de girofle, de muscade, de macis, de cannelle, de cassia-lignea, de sassafras, de fenouil, d'anis, de badiane, de carvi, de cajeput, de camomille, de valeriane, d'amandes amères, d'orange, de citron et de leurs variétés.	id.	100 »
— Autres essences.	id.	90 »
Estampes sur papier.	. . . . . .	Exemptes.
Etain. Minerai, limailles et débris de vieux ouvrages.	. . . . . .	Exempts.
— en masses brutes, saumons, barres ou plaques.	. . . . . .	id.
— de glace (bismuth).	. . . . . .	id.
— allié d'antimoine (métal britanni-que) en lingots.	100 k. b.	5 »
— pur ou allié, battu ou laminé.	id.	6 »
— Poteries et autres ouvrages en étain pur ou allié d'antimoine (3).	id. n.	30 »
Etiquettes imprimées, gravées ou coloriées.	. . . . . .	Exemptes.

(1) A l'exception, toutefois, des épingles à grosse tête en acier qui sont assujetties au droit de 20 francs les 100 kilogr. nets, et des épingles en or, en argent ou en métaux dorés ou argentés qui restent soumises aux taxes applicables à la bijouterie.

(2) Les rognures d'éponges sont admises en franchise de droits.

(3) La dénomination de poterie d'étain comprend tous les ustensiles, instruments et objets quelconques propres aux usages domestiques.

Extraits de bois de teinture noirs et violets.	100 k. n.	20 »
— — jaunes et rouges.	id.	30 »
— de garance.	. . . . . .	Exempts.
— de quinquina (1).	100 k. b.	2 »
— de viandes.	. . . . . .	Exempts.
Faïence (voir le mot poteries).		
Fanons de baleine, bruts.	. . . . . .	Exempts.
Fards blanc ou rouge.	100 k. b.	10 »
Farines de châtaignes, de légumes secs, de marrons.	. . . . . .	Exemptes.
Fécules.	100 k. b.	1 20
Fer. Limailles, minerai, mâchefer, scories de forge.	. . . . . .	Exempts.
— Débris de vieux ouvrages.	100 k. b.	2 75
— en barres carrées, rondes ou plates.	id.	6 »
— Bandages de roues en fer brut de forge pour wagons.	id.	6 »
— Rails de toute forme et dimension.	id.	6 »
— d'angle et à T.	id.	6 »
— brut en massiaux ou prismes, retenant encore des scories.	id.	4 50
— feuillard *en bandes d'un millimètre d'épaisseur ou moins.*	id.	7 50
— Tôles laminées ou martelées, de plus d'un millimètre d'épaisseur.	id.	7 50
— Tôles minces et fers noirs en feuilles d'un millimètre d'épaisseur ou moins.	id.	10 »
— Tôles laminées, martelées ou minces et fers noirs en feuilles, planes, découpées d'une façon quelconque.	id.	Droit des tôles et fers noirs en feuilles rectangulaires, *selon l'espèce*, et le dixième en sus.
— Ferronnerie. (Pièces de charpente, courbes et solives pour navires, ferrures de charrettes et de wagons, gonds, pentures, gros verrous, équerres et autres gros ferrements de portes ou croisées, non tournés, ni polis, grilles en fer plein, lits, siéges, meubles de jardin ou autres, avec ou sans ornements accessoires en fonte, cui-		

(1) On range, parmi les extraits de quinquina, la quinine et la chinchonine. Quant au sulfate et aux autres sels de quinine, ils rentrent dans la classe des produits chimiques non dénommés.

vre ou acier, clefs simplement étampées, essieux en fer brut de forge et généralement toutes pièces en fer forgé qui ne sont ni tournées, ni polies, ni ajustées à la lime et exigent un travail complémentaire d'ajustage et de forage (1).	100 k. b.	8 »
Fer. Serrurerie (serrures et cadenas en fer de toute sorte, fiches et charnières en tôle, loquets, targettes et tous autres objets en fer ou en tôle tournés, polis et limés pour ferrures de meubles, portes et croisées).	100 k. n.	12 »
— Clous forgés à la mécanique.	id. b.	8 »
— Clous forgés à la main.	id. n.	12 »
— Vis à bois, boulons et écrous.	id. b.	8 »
— Tubes en fer, étirés, soudés, par simple rapprochement et ayant intérieurement un diamètre de : 9 millimètres ou plus.	id. n.	11 »
— moins de 9 millimètres.	id.	20 »
— Tubes en fer étirés, soudés, sur mandrin et à recouvrement.	id.	20 »
— Raccords de toute espèce.	id.	20 »
— Fils de fer, qu'ils soient ou non étamés, cuivrés ou zingués et ayant 5 dixièmes de millimètre de diamètre ou moins.	id. b.	10 »
— Toiles métalliques.	id.	10 »
— Articles de ménage et autres ouvrages non dénommés en fer ou en tôle : polis ou peints.	id. n.	14 »
— étamés, émaillés ou vernissés.	id.	16 »
Fer étamé (fer-blanc) cuivré, zingué ou plombé.	id.	13 »
Feuilles médicinales.	. . . .	Exemptes.
Feutres *de toute sorte.*	la valeur.	10 0/0
Fibres de palmier (tissus de).	id.	10 0/0
Filets de pêche.	100 k. n.	20 »
Fleurs artificielles et médicinales.	. . . .	Exemptes.
Fonte de fer. Fonte brute en masses et fonte moulée pour lest de navires.	100 k. b.	2 »
— Fonte épurée, *dite mazée.*	id.	2 75
— Débris de vieux ouvrages en fonte.	id.	2 »

(1) Les essieux, ressorts et bandages de roues ne sont pas compris dans cette nomenclature ; ils figurent parmi les pièces détachées de machines et sont frappés d'un droit de 10 francs par 100 kilogr. nets.

Ouvrages en fonte moulée, non tournés ni polis :

— Coussinets de chemins de fer, plaques ou autres pièces coulées à découvert.	100 k. b.	3 »
— Tuyaux cylindriques droits, poutrelles et colonnes pleines ou creuses, cornues pour la fabrication du gaz, barreaux pleins et leurs assemblages, grilles et plaques de foyers, arbres de transmission, bâtis de machines et autres objets sans ornements, ni ajustages.	id.	3 75
— Poterie et tous autres ouvrages non désignés dans les deux classes précédentes.	id.	4 50
— Ouvrages en fonte moulée, polis ou tournés.	id.	6 »
— Ouvrages en fonte moulée, émaillés, étamés ou vernissés.	id.	10 »
Fromages de pâte dure.	id.	4 »
— de pâte molle.	id.	3 »

Fruits à distiller :

Anis vert.	100 k. b.	2 »
Autres fruits.	....	Exempts.
Fruits oléagineux, y compris les amandes sèches.	....	id.

Fruits de table frais, indigènes.

— Citrons, oranges et leurs variétés.	100 k. b.	2 »
— Carrobe ou carouge.	id.	» 30
— Autres fruits.	....	Exempts.

Fruits de table secs ou tapés :

Raisins secs, figues sèches ou tapées.	100 k. b.	» 30
— Pistaches et autres fruits.	id.	8 »

Fruits de table, confits :

— Cornichons, concombres, câpres, olives.	id.	8 »

Fruits de table, conservés :

— Sans sucre, ni miel.	id.	8 »
— Au sucre ou au miel.	id. n.	22 »
Gants en peau.	la valeur.	5 0/0
Garancine (extrait de garance).	....	Exempte.
Gélatine.	....	Exempte.
Gibier mort ou vivant.	....	id.

Glaces brutes.	le mèt. carré.	1 50
— étamées ou polies.	id.	4 »
Gobeleterie (1). Verres et cristaux.	la valeur.	10 0/0
Graines d'écarlate, à ensemencer, oléagineuses.	....	Exemptes.
Graisses animales.	....	id.
— de poisson.	100 k. b.	6 »
Graphite.	....	Exempte.
Gravures sur papier.	....	Exemptes.
Grès (voir le mot Poteries).		
Groisil (2).	....	Exempt.
Gutta-percha (voir le mot Caoutchouc).		
Hameçons en fer ou en acier, de toute espèce.	100 k. n.	50 »
Herbes médicinales.	....	Exemptes.
Homards frais.	....	id.
— conservés d'après la méthode Appert.	100 k. b.	10 »
Horlogerie. Ouvrages montés (3).	la valeur.	5 0/0
— Fournitures d'horlogerie.	100 k. n.	50 »
Houblon.	id.	12 50
Houille crue ou carbonisée.	id. b.	» 12
Huiles fixes pures.		
Huiles de palme, de coco, de touloucouna, d'illipé et d'olive.	id.	3 »
— d'arachides et de palma-christi.	id.	1 »
— autres.	id.	6 »
— volatiles (voir le mot Essences).		
— de pétrole et de schiste, rectifiées ou épurées dans l'un des pays contractants : l'un des deux droits ci-contre, au choix des importateurs.	100 k. b. / la valeur.	3 » / 5 0/0
Huîtres fraîches.	1. mille en nomb.	1 50
— marinées.	100 k. b.	6 »
Hydrochlorate d'ammoniaque.	la valeur.	5 0/0 (4)
— de potasse.	....	Exempt.
Hyposulfite de soude.	100 k. b.	3 80
Images.	....	Exemptes.
Instruments de chimie et de chirurgie.	....	Exempts.
— de musique et pièces détachées d'instruments.	la valeur.	10 0/0
— d'optique, de calcul, d'observation et de précision.	....	Exempts.

(1) Cette catégorie de produits comprend principalement les articles de service de table, de pharmacie et d'éclairage.

(2) On doit entendre par groisil, suivant le sens usuel du mot, les débris de verre et de cristaux cassés et les rognures de verre, à l'exclusion des matières vitrifiées précipitées dans l'eau au moment de la fusion.

(3) Les importateurs ont la faculté de demander l'application des droits ci-après :

    Montres à boîtes d'argent. ...... 1 franc la pièce.
    Montres à boîtes d'or.......... 5 — —
    Carillons et boîtes à musique..... 5 — —
    Horloges en bois............... 1 — —

(4) Plus une surtaxe de 3 francs par 100 kilogr. bruts.

Iode brut ou raffiné.	. . . .	Exempt.
Iodure de potassium.	. . . .	Exempt.
Iris de Florence ouvré.	la valeur.	10 0/0
Joncs bruts exotiques.	100 k. b.	2 »
— d'Europe.	. . . .	Exempts.
Cordages de joncs bruts.	100 k. b.	2 40
Jus de citron et d'orange.	. . . .	Exempts.
— de réglisse.	100 k. b.	4 »
Jute en brins, teillé ou peigné.	. . . .	Exempt.

Fils de jute, purs, écrus, mesurant au kilogramme :

Moins de 1,400 mètres.	100 k. b.	5 »
De 1,400 à 3,700 mètres *exclusivement*.	id.	6 »
De 3,700 à 4,200 mètres *exclusivement*.	id.	7 »
De 4,200 à 6,000 mètres *inclusivement*.	id.	10 »
Plus de 6,000 mètres.	. . . .	Même régime que les fils de lin.

Fils de jute, purs, blanchis ou teints, mesurant au kilogramme :

Moins de 1,400 mètres.	id.	7 »
De 1,400 à 3,700 mètres *exclusivement*.	id.	9 »
De 3,700 à 4,200 mètres *exclusivement*.	id.	10 »
De 4,200 à 6,000 mètres *inclusivement*.	id. n.	14 »
Plus de 6,000 mètres.	. . . .	Même régime que les fils de lin.
Fils de jute mélangés, le jute dominant en poids.		Même régime que les fils de jute purs.

Tissus de jute purs, écrus, présentant en chaîne dans l'espace de 5 millimètres :

Tissus unis, 3 fils ou moins.	100 k. b.	10 »
— croisés, 3 fils ou moins.	id. n.	12 »
— 4 et 5 fils.	id.	16 »
— 6, 7 et 8 fils.	id.	24 »
— plus de 8 fils.		Même régime que les tissus de lin, suivant la classe.

Tissus de jute, purs, blanchis ou teints, présentant en chaîne dans l'espace de 5 millimètres :

Tissus unis, 3 fils ou moins.	100 k. n.	15 »
— croisés, 3 fils ou moins.	id.	17 »
— 4 et 5 fils.	id.	23 »
— 6, 7 et 8 fils.	id.	35 »
— plus de 8 fils.		Même régime que les tissus de lin, suivant la classe.
Tapis de jute, ras ou à poil.	100 k. n.	24 »
Tissus mélangés, le jute dominant en poids.	la valeur.	15 0/0
Kermès animal, en grains, en poudre ou en pastel.	. . . .	Exempt.
— minéral.	100 k. b.	2 »
Kino (suc végétal).	d.	2 »

Laines en masse d'Australie (1).	. . . .	Exemptes.
— en masse des pays contractants.	. . . .	id.
— peignées.	100 k. n.	25 »
— teintes, de toute sorte (2).	id.	25 »
Laine. Fils de laine pure, blanchis ou non, simples, mesurant au kilogramme :		
10,000 mètres ou moins.	100 k. b.	10 »
Plus de 10,000 mètr.; pas plus de 15,000.	id. n.	15 »
Plus de 15,000 mètr.; pas plus de 20,000.	id.	20 »
Plus de 20,000 mètr.; pas plus de 30,500.	id.	25 »
Plus de 30,500 mètr.; pas plus de 40,500.	id.	35 »
Plus de 40,500 mètr.; pas plus de 50,500.	id.	45 »
Plus de 50,500 mètr.; pas plus de 60,500.	id.	55 »
Plus de 60,500 mètr.; pas plus de 70,500.	id.	65 »
Plus de 70,500 mètr.; pas plus de 80,500.	id.	75 »
Plus de 80,500 mètr.; pas plus de 90,500.	id.	85 »
Plus de 90,500 mètr.; pas plus de 100,500.	id.	95 »
Plus de 100,500 mètres.	id.	100 »
Fils de laine pure, teints, simples, mesurant au kilogramme :		
30,500 mètres ou moins.	id.	50 »
Plus de 30,500 mètr.; pas plus de 40,500.	id.	60 »
Plus de 40,500 mètr.; pas plus de 50,500.	id.	70 »
Plus de 50,500 mètr.; pas plus de 60,500	id.	80 »
Plus de 60,500 mètr.; pas plus de 70,500.	id.	90 »
Plus de 70,500 mètr.; pas plus de 80,500.	id.	100 »
Plus de 80,500 mètr.; pas plus de 90,500.	id.	110 »
Plus de 90,500 mètr.; pas plus de 100,500.	id.	120 »
Plus de 100,500 mètres.	id.	125 »
Fils de laine pure, retors, pour tissage, blanchis ou non, mesurant au kilogramme :		
30,500 mètres ou moins.	id.	32 50
Plus de 30,500 mètr.; pas plus de 40,500.	id.	45 50
Plus de 40,500 mètr.; pas plus de 50,500.	id.	58 50
Plus de 50,500 mètr.; pas plus de 60,500.	id.	71 50
Plus de 60,500 mètr.; pas plus de 70,500.	id. .	84 50
Plus de 70,500 mètr.; pas plus de 80,500.	id.	97 50
Plus de 80,500 mètr.; pas plus de 90,500.	id.	110 50
Plus de 90,500 mètr.; pas plus de 100,500.	id.	123 50
Plus de 100,500 mètres.	id.	130 »

(1) La franchise stipulée à l'égard de la laine en masse d'Australie est applicable, soit que cette marchandise arrive directement des lieux mêmes de production par navires français ou sous le pavillon de l'un des Etats contractants, soit qu'elle vienne de l'un de ces Etats par mer sous pavillon français ou sous celui de la puissance, ou par terre, même avec emprunt du territoire d'un pays intermédiaire.

(2) Les blousses teintes leur sont assimilées.

Fils de laine pure, retors, pour tissage teints, mesurant au kilogramme :		
30,500 mètres ou moins.	100 k. n.	57 50
Plus de 30,500 mètr.; pas plus de 40,500.	id.	70 50
Plus de 40,500 mètr.; pas plus de 50,500.	id.	83 50
Plus de 50,500 mètr.; pas plus de 60,500.	id.	96 50
Plus de 60,500 mètr.; pas plus de 70,500.	id.	109 50
Plus de 70,500 mètr.; pas plus de 80,500.	id.	122 50
Plus de 80,500 mètr.; pas plus de 90,500.	id.	135 50
Plus de 90,500 mètr.; pas plus de 100,500.	id.	148 50
Plus de 100,500 mètres.	id.	155 »
Fils de laine pure, retors, pour tapisserie, blanchis ou non.	Le droit sur le fil simple élévé au double.	
Fils de laine pure, retors, pr tapiss., teints.	Le droit sur les fils retors, pour tapisserie, blanchis ou non, augmenté de 25 francs par 100 kil. nets.	
Fils de laine mél., la laine dominant en poids.	Mêmes droits que les fils de laine pure.	
Tissus de laine pure :		
Lisières de drap de toute espèce, entières ou coupées.	....	Exemptes.
Tapis de toute espèce; chaussons de lisière; couvertures; bonneterie; passementerie; rubanerie; dentelles; autres tissus; articles non dénommés.	la valeur.	10 0/0
Vêtements et articles confectionnés, neufs.	id.	10 0/0
idem. vieux.	100 kil. n.	20 »
Tissus de laine mélangée, la laine dominant en poids.	Mêmes droits que les tissus de laine pure.	
Lait.	....	Exempt.
Laiton (voir le mot Cuivre).		
Lama (fils et tissus purs ou mélangés).	Même régime que les fils et tissus de laine, quelle que soit la proportion du mélange.	
Laque en teinture ou en trochisques.	....	Exempte.
Lard.	100 k. b.	» 60
Légumes salés ou confits au vinaigre.	id.	3 »
— secs et leurs farines.	....	Exempts.
Lie de vin.	....	id.
Liége brut ou râpé, de toute sorte.	....	Exempt.
— ouvré.	la valeur.	10 0/0
Lin. (Mêmes droits que ceux indiqués au mot chanvre.)		
Liqueurs.	l'hectol. de liquide.	15 francs (1).
Lithographies sur papier.	....	Exemptes.
Livres en langues française, mortes ou étrangères.	....	Exempts.
Machines et mécaniques, appareils complets.		
Machines à vapeur fixes, avec ou sans chaudière, avec ou sans volant.	100 k. n.	6 »

(1) Plus les droits de consommation qui s'élèvent à 90 francs par hectolitre d'alcool pur.

Machines à vapeur pour la navigation, avec ou sans chaudières.	100 k. n.	12 »
— locomotives ou locomobiles.	id.	10 »
Tenders de machines locomotives.	id.	8 »
Machines autres qu'à vapeur :		
Pour la filature.	id.	10 »
A nettoyer et ouvrir la laine, le coton, le lin, le chanvre et autres matières textiles ; pour le tissage ; à fabriquer le papier ; à imprimer ; pour l'agriculture ; à bouter les plaques et rubans de cardes.	id.	6 »
Appareils en cuivre à distiller ; à sucre ; de chauffage ; métiers à tulle.	id.	10 »
Cardes non garnies.	id.	10 »
Chaudières à vapeur en tôle de fer, cylindriques ou sphériques, avec ou sans bouilleurs ou réchauffeurs.	id.	8 »
Chaudières à vapeur tubulaires en tôle de fer, à tubes en fer, cuivre ou laiton étirés, ou en tôle clouée, à foyers intérieurs, et toutes autres chaudières de forme non cylindrique ou sphérique simple.	id.	12 »
Chaudières à vapeur en tôle d'acier de toute forme.	id.	25 »
Gazomètres, chaudières découvertes, poêles et calorifères en tôle ou en fonte et tôle.	id.	8 »
Machines-outils et machines non dénommées contenant en fonte :		
75 0/0 et plus.	id.	6 »
50 à 75 0/0 exclusivement.	id.	10 »
Moins de 50 0/0.	id.	15 »
Magnésie calcinée.	la valeur.	5 0/0
— (Carbonates et sulfates de).	. . . .	Exempts.
Manganèse. Minerai.	. . . .	id.
Manne.	100 k. b.	8 »
Marbres blancs, statuaires :		
Bruts, équarris ou sciés.	. . . . . .	Exempts.
Sculptés, moulés ou polis :		
Statues modernes.	. . . .	id.
Autres ouvrages.	100 k. b.	1 50
Marbres autres de toute sorte :		
Bruts ou équarris.	. . . .	Exempts.
Sciés ayant en épaisseur :		
16 centimètres ou plus.	. . . .	id.
Moins de 16 centimètres.	100 k. b.	1 50

Marbres sculptés, moulés ou polis :		
Statues modernes.	. . . . .	Exempts.
Autres ouvrages.	100 k. b.	1 50
Marrons et leurs farines.	. . . . .	Exempts.
Matériaux. Ardoises de construction, brutes; briques ; carreaux de terre ; chaux ; pierres de construction, brutes ; plâtre et tuiles.	. . . . .	id.
— Ardoises pour toiture.	Le mille en nombre.	4 »
Maurelle (loques et chiffons imprégnés de couleur bleue).	. . . . .	Exempte.
Médicaments composés (extrait de quin-quina et kermès minéral).	100 k. b.	2 »
Mélasses pour la distillation :		
De l'Autriche.	100 k. b.	2 »
Des autres pays contractants.	. . . . . .	Exemptes.
— pour toute autre desination :		
Du Zollverein, des villes anséatiques, des grands-duchés de Mecklembourg ou de l'Autriche.	. . . . .	Prohibées.
De l'Angleterre, de la Belgique ou des Pays-Bas, ayant en richesse saccha-rine :		
50 0/0 ou moins.	100 k. n.	14 30
Plus de 50 0/0.	id.	42 »
Des autres pays contractants, ayant en richesse saccharine :		
50 0/0 ou moins.	id.	14 30
Plus de 50 0/0.	id	44 »
Mercerie (1).	la valeur.	10 0/0
Mercure natif.	. . . . .	Exempt.
Meubles en bois courbé pour siéges, tables et lits (2).	100 k. b.	7 »
— autres.	la valeur.	10 0/0
Meubles en fer.	100 k. b.	8 »

(1) La mercerie embrasse notamment les objets ci-après : abat-jour en papier dé-coupé, baguettes de fusil en baleine, garnies ou non ; briquets phosphoriques ; cachets à empreinte en papier, cocardes en baleine pour chevaux, copal taillé ou autrement ouvragé, cordes de boyau pour mécaniques ou instruments de musique, dominoterie, écrans de mains ou éventails (sauf ceux que leur monture fait rentrer dans la tablet-terie), fruits rouges percés pour breloques, horloges de sable et d'eau, houppes à cheveux, images en colle de poisson, jais taillé ou autrement ouvragé, kaléidoscopes, lignes de pêcheurs, limes chimiques pour les cors, masques, mèches de lampes de nuit, ouvrages ou petits meubles en sel gemme, ouvrages en coquillages, ouvrages en coques de calebasses ornées de peintures, pain à cacheter ou à chanter, en pâte, en gélatine, en colle-forte ou en colle de poisson, plumasseaux, sacs à tabac en vessie, tablettes à écrire en carton recouvert d'une poudre d'ardoise, tresses et ornements pour chapeaux de femmes , composés de diverses matières mélangées, notamment de paille, de papier, de coton, de soie, d'aloès, de crin, de verroteries.

(2) Les importateurs ont la faculté de demander l'application du droit de 10 p. 100 de la valeur.

Meules.	. . . . .	Exemptes.
Miel.	. . . . .	id.
Miroirs, *ayant en superficie :*		
Moins d'un demi-mètre carré (1).	100 k. n.	20 »
D'un demi-mètre carré inclus à un demi-mètre carré exclus (2).	la valeur.	10 0/0
Modes (Ouvrages de).	. . . . .	Exempts.
Montres (Voir le mot Horlogerie).		
Moules (Coquillages pleins).	. . . . .	Exempts.
Moutarde liquide ou composée.	100 k. b.	5 »
Mules et mulets.	par tête.	5 »
Muriate de potasse.	. . . . .	Exempt.
Musc.	100 k. b.	2 »
Musique gravée.	. . . . .	Exempte.
Nattes de paille ou d'écorce :		
— grossières pour paillassons.	100 k. b.	2 »
— autres de toute sorte.	id.	5 »
— de Sparte.	id.	1 »
Nickel. Minerai de nickel et speiss.	. . . . .	Exempt.
— pur ou allié d'autres métaux :		
— en lingots ou masses brutes.		id.
— battu, laminé ou étiré.	100 k. b.	10 »
Ouvrages en nickel allié au cuivre ou au zinc (*argentan*).	id. n.	100 »
Nitrates de potasse et de soude.	. . . . .	Exempts.
Noir animal et résidus de noir animal.	. . . . .	id.
Objets d'art et d'ornement en cuivre pur	100 k. n.	20 »
— ou allié.		
de collection hors de commerce (y compris les tableaux de toute sorte).	. . . . .	Exempts.
Œufs de gibier, de volaille, de vers à soie.	. . . . .	id.
Ognons, autres que d'asphodèle.	. . . . .	id.
Or (Bijouterie et orfèvrerie d').	100 k. n.	500 »
— battu, en feuilles (1).	id.	2,500 »
Orseilles de toute sorte.	la valeur.	5 0/0
Os de bétail, bruts ou calcinés à blanc.	. . . . .	Exempts.
Osier en bottes.	. . . . .	id.
Outils en fer pur, *emmanchés ou non.*	100 k. b.	10 »
— en fer rechargé d'acier, *emmanchés ou non.*	id. n.	15 »
— en acier pur (faux, faucilles, limes, scies circulaires ou droites, et autres outils non dénommés).	id.	20 »
Outremer.	id.	15 65

(1) Les importateurs ont la faculté de demander l'application du droit de 10 p. 100 de la valeur.

(2) Les miroirs dont la surface atteint un mètre carré ou plus rentrent dans la classe des glaces.

(3) Le papier formant les livrets est défalqué du poids passible des droits.

Oxalate de potasse.	100 k. b.	10 »
Oxydes de cuivre, d'étain, de fer, de plomb, d'urane, de zinc.	. . . . .	Exempts.
Palmier (Tissus en fibres de palmier).	la valeur.	10 0/0
Papiers *de toute sorte* (1).	100 k. b.	8 »
Paraffine brute ou purifiée.	. . . . .	Exempte.
Parapluies et parasols.	la valeur.	10 0/0
Parfumeries alcooliques (2).	l'hect. d'alcool pur.	15 »
— autres qu'alcooliques :		
Eaux de senteur, vinaigres parfumés, pâtes liquides ou en pains; poudres à poudrer et de senteur; pommades de toute sorte; fards blanc ou rouge.	100 k. b.	10 »
Savons.	id.	6 »
Pastilles odorantes à brûler.	id.	9 60
Pâtes d'Italie.	id.	3 »
Peaux brutes, fraîches ou sèches, grandes ou petites.	. . . . . .	Exemptes.
— de chien de mer et de phoques, brutes, fraîches ou sèches.	. . . . . .	id.
— préparées d'agneau et de chevreau en poils :		
— en confit.	le 100 en nomb.	3 »
— mégies.	id.	3 60
Parchemin et velin bruts ou achevés.	. . . . .	Exempts.
Peaux préparées teintes :		
Cuir odorant de veau ou de vachette, *dit de Russie.*	100 k. n.	60 »
Cuir de mouton.	id.	45 »
Autres.	id.	60 »
Peaux préparées, vernies ou maroquinées.	id.	60 »
Peaux préparées, non dénommées, de toute espèce.	id.	10 »
Ouvrages en peau ou en cuir, de toute espèce :		
Gants.	la valeur.	5 0/0
Buvards, étuis, nécessaires, portefeuilles, porte-cigares et porte-monnaie.	100 k. n.	60 » (3)
Bâts non garnis de cuir; outres vides et autres ouvrages.	la valeur.	10 0/0
Pelleteries de toute sorte, brutes, apprêtées ou en morceaux cousus.	. . . . . .	Exemptes.

(1) Les carnets de papier blanc ou rayé, recouverts de peau maroquinée, suivent le régime des *papiers de toute sorte,* à moins que leur couverture n'ait assez de valeur pour qu'il y ait lieu de les traiter comme ouvrages en peau ou en cuir.

(2) Les parfumeries alcooliques sont, en outre, soumises à une taxe de 90 francs par hectolitre d'alcool pur.

(3) Les importateurs ont la faculté de demander l'application du droit de 10 p. 100 de la valeur.

Pétrole (Huile de). Voir page 23.		
Phormium-tenax. Filaments bruts, teillés, peignés, tordus.	. . . . .	Exempts.
Fils.	la valeur.	5 0/0
Tissus.	id.	10 0/0
Phosphates naturels.	. . . . .	Exempts.
Phosphore blanc.	100 k. n.	40 »
— rouge.	la valeur.	10 0/0
Photographies sur papier.	. . . . .	Exemptes.
Pièces détachées de machines :		
Plaques et rubans de cardes sur cuir, sur caoutchouc ou sur tissus purs ou mélangés.	100 k. n.	50 »
Dents de rots en fer ou en cuivre.	id.	30 »
Rots, ferrures ou peignes à tisser à dents de fer ou de cuivre.	id.	30 »
Pièces en fonte, polies, limées et ajustées (1).	id.	6 »
Pièces en fer forgé, polies, limées et ajustées ou non, quel que soit leur poids (y compris les ressorts, les essieux et les bandages de roues).	id.	10 »
Ressorts en acier pour carrosserie, wagons et locomotives.	id.	11 »
Pièces en acier, polies, limées, ajustées ou non, pesant plus d'un kilogramme.	id.	15 »
Pièces en acier, polies, limées, ajustées ou non, pesant un kilogramme ou moins.	id.	20 »
Pièces en cuivre pur ou allié de tous autres métaux.	100 k. n.	20 »
Plaques et rubans du cuir, de caoutchouc, et tissus spécialement destinés pour cardes.	id.	20 »
Pierres à aiguiser de toute sorte (brutes ou taillées), à bâtir, calaminaires; gemmes de toute sorte (brutes ou taillées); ouvrées (taillées ou sciées, ou couvertes de dessins, gravures ou écritures).	. . . . .	Exemptes.
Pipes en écume de mer.	la valeur.	5 0/0
— en terre commune.	id.	Exemptes.
Planches gravées pour impression sur papier.	. . . . .	id.
Plantes alcalines.	. . . . .	id.
Plaqués, sans distinction de titre.	100 k. n.	100 »
Platine (Bijouterie en).	id.	500 »

(1) Celles qui ne sont ni polies, ni limées, ni ajustées, sont traitées comme ouvrages en fonte moulée, ni tournés, ni polis, et acquittent, selon leur nature, l'un des droits déterminés pour ces derniers.

Plâtre (1).	. . . . . .	Exempt.
Plomb. Minerai et scories de toute sorte.	. . . . .	Exempts.
Limailles et débris de vieux ouvrages.	. . . . .	id.
— en masses brutes, saumons, barres ou plaques.	. . . . .	id.
— laminé et plomb battu.	100 k. b.	3 »
— allié d'antimoine, en masses.	id.	3 »
Tuyaux et autres ouvrages en plomb de toute sorte.	id.	3 »
Plombagine.	. . . . .	Exempte.
Plumes à écrire, en métal, excepté celles en or ou en argent.	100 k. n.	100 »
— à écrire (d'oiseau), brutes ou apprêtées.	. . . . .	Exemptes.
— à lit, de toute sorte (duvet et autres).	100 k. b.	3 50
Poils de chèvre, bruts.	. . . . .	Exempts.
— de chèvre, peignés.	100 k. b.	10 »
— autres que de chèvre, bruts.	. . . . .	Exempts.
— autres que de chèvre, peignés ou en bottes de longueurs assorties.	100 k. b.	12 »
Fils de poils de chèvre.	id. n.	24 »
— de poils de chameau, purs ou mélangés.	Même droit que les fils de laine pure.	
— de poils autres que de chèvre et de chameau.	. . . .	Exempts.
Tissus de poils de chèvre : châles et écharpes de cachemire des Indes.	la valeur.	5 0/0
— de poils de chèvre : autres tissus que ceux indiqués au paragraphe précédent.	id.	10 0/0
— de poils de chameau, purs ou mélangés.	id.	10 0/0
— de poils de vache, purs ou mélangés.	id.	10 0/0
Poissons d'eau douce frais (2).	. . . . .	Exempts.
— d'eau douce, préparés.	100 k. b.	10 »
— *de mer (à l'exclusion de la morue)* :		
— frais.	id.	5 »
— salés, secs ou fumés.	id.	10 »
— marinés ou à l'huile.	id.	10 »
Pommes de terre.	. . . . .	Exemptes.
Porcs.	par tête.	» 30

(1) Le sulfate de chaux artificiel suit le régime du plâtre.

(2) Les saumons rentrent dans la classe des poissons d'eau douce.

Poteries.

Poterie grossière :

Carreaux, briques et tuiles.	. . . . .	Exempts.
Cornues à gaz, tuyaux de drainage et autres, creusets de toute sorte, y compris ceux en graphite et plombagine.	. . . . .	id.
Pipes en terre.	. . . . .	id.
Poteries vernissées ou non, de toutes formes.	. . . . . .	id.
Poteries vernissées avec décorations à relief unicolores et multicolores ; platerie et creux.	100 k. b.	5 »

Poterie de grès.

Ustensiles et appareils pour la fabrication des produits chimiques.	. . . . . .	Exempts.
Poteries communes de toute sorte, platrerie et creux, comprenant la forme bouteilles, les carafes, objets de ménage, ustensiles de cuisine et autres.	100 k. b.	4 »

Faïence.

Faïence stannifère, pâte colorée, glacure blanche.	. . . . . .	Exempte.
— stannifère, glacure colorée, majolique, vernissée, multicolore.	la valeur.	15 0/0
— fine.	id.	15 0/0
Grès fin.	id.	15 0/0
Porcelaines de toute sorte, blanches ou décorées, parian et biscuit blanc.	id.	10 0/0
Praiss (sauce de tabac).	100 k. b.	1 20
Produits chimiques non dénommés aux Traités.	la valeur.	5 0/0
Prussiate de potasse jaune.	100 k. n.	20 »
— rouge.	id.	30 »
Quinquina (Ecorces de).	. . . . .	Exemptes.
(Extrait de).	100 k. b.	2 »
Racines de chicorée :		
— sèches.	100 k. b.	1 »
— vertes.	id.	» 25
Racines médicinales :		
Réglisse.	. . . . .	Exempte.
Salsepareille, gingembre et autres non dénommées.	100 k. b.	2 »
Racines à vergette.	. . . . .	Exemptes.
Réglisse. Jus de réglisse.	100 k. b.	4 »
Racines de réglisse.	. . . . . .	Exemptes.
Résines de toute sorte, même distillées.	. . . . . .	id.
Riz en grains.	100 k. b.	» 50
— en paille.	id.	» 25

Roseaux bruts exotiques.	id.	2 »
— d'Europe.	. . . . . .	Exempts.
Sabots de bétail, bruts ou calcinés à blanc.	. . . . . .	Exempts.
Safran.	. . . . . .	id.
Salins de betteraves.	100 k. b.	» 10
Sang de bétail.	. . . . . .	Exempt.
Sangsues.	. . . . . .	id.
Sarcocolle (suc végétal desséché).	100 k b.	2 »
Sauce (Epices).	id. n.	25 »
Savons ordinaires ou parfumés.	id. b.	6 »
Sels de cobalt, de toute sorte.	. . . . . .	Exempts.
— d'étain (1).	la valeur.	5 0/0
— de soude, non dénommés.	100 k. b.	3 50
Semencine.	. . . . . .	Exempte.
Silicates de soude anhydre.	100 k. b.	4 20
— cristallisé ou hydraté.	id.	3 85
Smalt.	. . . . . .	Exempt.
Soies.		
Œufs de vers à soie.	. . . . .	Exempts.
Soies en cocons, grèges ou moulinées.	. . . .	id.
— teintes.	. . . . . .	id.
Bourre de soie en masse.	. . . . . .	id.
— de soie peignée.	100 k. b.	10 »
— de soie filée. simple ou retorse, écrue, blanchie, azurée ou teinte, mesurant au kilogramme 80,500 mètres ou moins.	id. n.	75 »
plus de 80,500 mètres simples.	id.	120 »
Tissus, bonneterie et dentelles de soie pure.	. . . . . .	Exempts.
Crêpes, façon d'Angleterre, écrus, noirs ou de couleur.	. . . . . .	id.
Tulles unis ou façonnés, écrus ou apprêtés, y compris les résilles.	. . . . . .	id.
Tissus de bourre de soie pure, de soie et bourre de soie, écrus, blancs, imprimés ou teints.	100 k. n.	200 »
Tissus, passementeries et dentelles de soie ou bourre de soie avec :		
Or ou argent fin.	id.	1200 »
Or ou argent mi-fin ou faux.	id.	350 »
Rubans de soie ou de bourre de soie.		
de velours.	id.	500 »
Autres.	id.	400 »
Tissus mélangés d'autres matières textiles, *la soie ou la bourre de soie* dominant		

(1) Les sels d'étain sont assujettis à une surtaxe de 30 centimes par 100 kilogr. bruts.

en poids :		
Rubans de velours.	100 k. n.	500 »
Rubans autres que de velours.	la valeur.	10 0/0
Autres tissus.	100 k. n.	300 »
Vêtements et articles confectionnés.	Régime des tissus dominant en poids.	
Soudes. Soude artificielle brute, titrant :		
Au moins 30 degrés.	100 k. b.	1 90
Moins de 30 degrés.	id.	5 85
Soude caustique.	id.	6 40
Soude de varech.	id.	» 15
Soufre brut, épuré ; sublimé.	. . . . .	Exempt.
Sparte. Cordages de tous calibres en fils ou tresses battues.	100 k. b.	6 »
— Cordages de tous calibres en fils ou tresses non battues.	id.	2 40
Tresses ou nattes.	id.	1 »
Statues modernes en marbre ou en pierre, sculptées ou polies.	. . . . .	Exemptes.
— en métal, de grandeur naturelle au moins.	. . . . .	id.
Stil de grain.	. . . . .	id.
Storax (naturel, sec, rouge ou en pains).	100 k. b.	2 »
Styrax.	id.	2 »
Sucs végétaux desséchés.	id.	2 »
Sucres.		
Sucres bruts de betterave :		
D'Angleterre, de Belgique ou des Pays-Bas. Au-dessous du type nº 13.	100 k. n.	42 »
Du type nº 13 au type nº 20 inclusivement.	id.	44 »
Des autres pays contractants : Au-dessous du type nº 13.	id.	44 »
Du type nº 13 au type nº 20 inclusivement.	id.	46 »
Sucres bruts de canne.		
Au-dessous du type nº 13.	id.	44 »
Du type nº 13 au type nº 20 inclusivement.	id.	46 »
Sucres raffinés ou assimilés aux raffinés.		
Du Zollverein, des villes anséatiques, des grands-duchés de Mecklembourg et de l'Autriche.	. . . . .	Prohibés.
D'Angleterre, de Belgique ou des Pays-Bas : Candis.	100 k. n.	52 25
Autres.	id.	48 85
Des autres pays contractants.	id.	55 »
Sucre de lait.	. . . . .	Exempt.

Sulfates de magnésie et de potasse.	. . . . .	Exempt.	
— de soude purs, anhydre, contenant en nature :			
25 p. 100 de sel ou moins.	100 k. b.	1	80
Plus de 25 p. 100 de sel.	id.	7	20
Sel de Glauber (Sulfate cristallisé ou hydraté).	id.	»	95
Sulfates de soude, impurs, anhydre, contenant en nature :			
25 p. 100 de sel ou moins.	id.	1	75
Plus de 25 p. 100 de sel.	id.	6	60
Sel de Glauber (Sulfate cristallisé ou hydraté).	id.	»	90
Sulfite de soude.	id.	1	80
Sulfure d'arsenic.	. . . . .	Exempt.	
Sumac moulu.	. . . . .	id.	
Tableaux de toute sorte.	. . . . .	id.	
Tabletterie (1). Étuis en bois, en corne ou en			

(1) Cette dénomination comprend la classe nombreuse des ouvrages en ivoire, en nacre, en écaille, en os, en corne, en bois fin, en noix de coco, etc., comme peignes, billes de billard achevées ou non ; queues de billard ; petits objets et meubles de main avec ou sans incrustation ; crosses de parapluies ou de parasols ; manches de couteaux, de brosses ou de fouets ; touches de pianos ; trictracs sans pied, cannes montées, etc. Toutefois, pour les cannes garnies d'une pomme d'or ou d'argent, on applique à la canne elle-même le droit de la matière dont elle est formée, et l'on perçoit sur la monture la taxe de la bijouterie, en assurant, dans la forme prescrite, le recouvrement des droits de garantie.

On range également dans la tabletterie les objets suivants : cornets à jouer en corne ; cuillers en os ou en corne ; dés à coudre ou à jouer en os ; écritoires en corne ou en os ; étoiles à dévider en os ; étuis en os, en bois ou en corne ; éventails avec monture en nacre, corne, ivoire, ou os ; fiches à jouer en os ; fourchettes en corne ; jetons en os ; manches d'outil en os ; moules ou formes de boutons en os ; nécessaires et ouvrages en bois (petits meubles de main et objets analogues) ; ouvrages de Spa ; boîtes ou autres objets en bois blanc avec ou sans ornements ou peinture, recouverts ou non de paille de couleur ; ouvrages de bois blanc verni ou en laque de Chine, tels que boîtes à thé, à jeu, à tabac, avec peintures ; ouvrages en figuier vernissés ; passe-lacets en corne ou en os ; peignes en bois ou en corne ; poires à poudre en bois ou en corne ; petits ustensiles à fumer les cigares, en bois, en os, en corne, avec ou sans griffes ; porte-monnaie en corne ou fausse écaille ; porte-mines ou porte-crayons et porte-plumes en bois fin ou en os, en écaille ou en nacre ; sifflets en bois ou en os ; tabatières en bois ; tabatières dites *d'Écosse*, vernissées et revêtues de dessins ; tranche-papier en bois ou en os.

Pour les nécessaires, les étuis, les porte-monnaie, les petits meubles de main et les objets en bois tourné, vernis et ornés, les importateurs ont la faculté d'opter, dans leur déclaration, entre la taxe de 10 p. 100 *ad valorem* et le droit spécifique de 60 fr. par 100 kilogrammes. Ce dernier droit peut être appliqué aux articles dont il est ici question, même lorsqu'ils sont garnis en métal commun ; mais on les assujettirait à la taxe de 10 p. 100 s'ils étaient revêtus ou incrustés de nacre, d'ivoire ou d'écaille.

On range pareillement parmi les objets de tabletterie, passibles du droit de 10 p. 100, les albums et divers objets en cuir, porte-monnaie, porte-cigare, portefeuilles, buvards et nécessaires, lorsqu'ils sont ornés ou incrustés d'ivoire ou d'écaille.

os ; nécessaires ; porte-monnaie et ouvrages en bois tourné, vernis ou ornés et même garnis en métal commun.	100 k. n.	60 »
Autres objets.	la valeur.	10 0/0
Tartrates de potasse et tartrates de soude et de potasse.	. . . . .	Exempts.
Tiges de millet pour balais.	. . . . .	id.
Tilleul (Cordages de).	100 k. b.	2 40
Toiles cirées pour emballage.	id.	5 »
— pour ameublements, tentures et autres usages.	id. n.	15 »
Tôles (Voir le mot Fer).		
Tombereaux.	la valeur.	10 0/0
Tresses de crin, pur ou mélangé.	100 k. n.	160 » (1)
— d'écorce, de paille et de sparte (mêmes droits que ceux indiqués au mot Nattes).		
Truffes fraîches, sèches ou marinées.	. . . . .	Exemptes.
Tuiles plates, bombées, faîtières.	. . . . .	id.
Vannerie (2).	la valeur.	10 0/0
Végétaux filamenteux non dénommés :		
Filaments bruts, teillés, peignés, tordus.	. . . . .	Exempts.
Fils.	la valeur.	5 0/0
Tissus.	id.	10 0/0
Vélocipèdes.	id.	10 0/0
Vernis à l'huile, à l'essence ou à l'esprit de vin (3).	id.	10 0/0
Verrerie non dénommée (4).	id.	10 0/0
Verres à vitres.	100 k. b.	3 50
— de couleur, polis ou gravés.	la valeur.	10 0/0
— de montre et d'optique.	. . . . .	Exempt.
Vert de montagne.	. . . . .	Exempts.
Viandes (Extraits de).	. . . . .	id.
— fraîches.	100 k. b.	» 60
— Salées.		
Vigogne (Fils et tissus, purs ou mélangés).	Même régime que les fils et tissus de laine.	
Vinaigres parfumés.	100 k. b.	10 »
— Autres.	l'hectol. de liquide.	2 »
Vins ordinaires et de liqueurs.	id.	» 30

(1) Les importateurs ont la faculté de demander l'application du droit de 10 p. 100 de la valeur.

(2) On range dans cette classe les ouvrages en paille, en fibres d'aloès et autres végétaux tressés.

(3) Les vernis à l'esprit de vin s nt, en outre, soumis à des droits de consommation qui s'élèvent à 90 francs par hectolitre d'alcool pur contenu dans les vernis.

(4) Appartiennent à c tte classe les bourses et tissus en grains de verre ; les écritoires en verre à bouchons élastiques, garnies en cuir ou en bois ; les épingles à filigranes et à verroteries, dites *de Venise* ; les jouets d'enfant ; les maillons en verre pour métiers ; les verres grossièrement peints et les étuis en verre opaque.

Vitrifications et émail en masses ou en tubes.	100 k. b.	3 75
Vitrifications en grains percés ou taillés ou en pierres à bijoux ; breloques colorées ou non ; verre filé, boules, boutons, et corail factice en verre.	100 k. n.	20 »
Voitures de toute sorte, suspendues ou non.	la valeur.	10 0/0
Volailles mortes et vivantes.	. . . . . .	Exemptes.
Wagons,	la valeur.	10 0/0
Zinc. Minerai cru et grillé.	. . . . .	Exempt.
— en masses brutes, saumons barres ou plaques.	. . . . . .	id.
Débris de vieux ouvrages en zinc et limailles.	. . . . . .	id.
Zinc laminé.	100 k. b.	4 »
Ouvrages en zinc de toute espèce.	id.	8 »

TRAITÉ AVEC L'ANGLETERRE

EN VIGUEUR DEPUIS LE 4 FÉVRIER 1860

Conclu pour dix ans.

DÉNOMINATION DES PRODUITS.	UNITÉS sur lesquelles portent les droits. (1)	DROITS applicables aux produits français importés sous tous pavillons.	
Amandes (pâte d').	100 k.	23	»
Amidon.	id.	»	93
Arrow-root (2).	id.	»	93
Bière.	l'hectolitre	17	47
Biscuits de mer.	100 k.	»	93
Bonbons.	id.	23	»
Cacao. Fèves de cacao.	100 k.	23	»
— Pellicules de cacao.	id.	4	92
— Pâte de cacao.	id.	46	»
Café séché au four, torréfié ou moulu.	id.	92	»
— autre.	id.	69	»
Cartes à jouer.	les 12 jeux.	4	70
Cassave en poudre.	100 k.	»	93
Chicorée verte ou séchée au four.	id.	65	19
— torréfiée ou moulue.	id.	92	»
Chloroforme.	id.	828	»
Chocolat.	id.	46	»
Collodion.	l'hectolitre	660	24
Confiserie.	100 k.	23	»
Confitures sèches.	id.	23	»
Dragées.	id.	23	»

(1) Le traité n'indique pas si, pour les produits taxés spécifiquement, les droits seront perçus sur le poids brut ou sur le poids net.

(2) Fécule qui s'extrait de la racine du *maranta indica*, connu aussi sous le nom de flèche indienne.

Essences de *spruce* (1).	La valeur.	10 0/0
— de café, de chicorée, de malt, de tabac et de thé.	. . . . . .	Prohibés.
Estampes (Cartes, gravures, lithographies, livres, peintures et autres articles indécents ou obscènes).	. . . . . .	id.
Ether sulfurique.	L'hectolitre.	687 75
Farines de grains, de légumes secs, de manioc, de pommes de terre, de riz.	100 k.	» 93
Fruits non confits au sucre.	id.	17 23
— confits au sucre.	id.	23 »
— conservés à l'eau-de-vie.	id.	286 59
Grains (céréales).	id.	» 62
Lait solidifié ou dulcifié avec du sucre.	id.	23 »
Légumes confits au vinaigre.	L'hectolitre.	2 »
Livres (pour lesquels subsiste encore le droit d'auteur), primitivement composés, écrits ou imprimés dans le Royaume-Uni et imprimés ou réimprimés dans un autre pays.	. . . . . .	Prohibés.
Macaroni.	100 k.	» 93
Malt.	L'hectolitre.	10 63
Marmelades.	100 k.	23 »
Manna croup (semoule de Russie).	id.	» 93
Mélanges de café, de chicorée, de tabac et de thé.	. . . . . .	Prohibés.
Monnaies fausses.	. . . . . .	id.
Naphte (ou alcool méthylique épuré).	L'hectolitre.	286 59
Orfévrerie d'argent.	100 k.	6030 »
d'or.	id.	68550 »
Pain.	id.	» 93
Parfumeries alcooliques.	L'hectolitre.	385 20
Pâtisserie sucrée.	100 k.	23 »
Poudre à poudrer.	id.	» 93
— parfumée.	id.	» 93
Sagou.	id.	» 93
Semoule.	id.	» 93
Spiritueux (2). Spiritueux non édulcorés ou mélangés d'une substance quelconque, empêchant que le degré de force en puisse être exactement vérifié par l'hydromètre de Sykes et spiritueux n'excédant pas 56 degrés de l'alcoolomètre centésimal eten proportion pour toute force au-dessus ou au-dessous de celle qui vient d'être indiquée.		

(1) Essence obtenue par la décoction des branches du pin sauvage.

(2) Les spiritueux et eaux spiritueuses, *autres que les vernis*, mélangés d'un ingrédient quelconque sont réputés spiritueux ou eaux spiritueuses et acquittent les droits comme tels.

Eau-de-vie et genièvre.	L'hectolitre.	286	59
Rhum importé d'un pays de production.	id.	279	77
Rhum importé d'ailleurs que d'un pays de production.	id.	286	59
Tafia des colonies françaises.	id.	279	77
Autres spiritueux non-dénommés.	id.	286	59
Spiritueux édulcorés ou mélangés d'une substance quelconque empêchant que le degré de force en puisse être exactement vérifié par l'hydromètre de Sykes.	id.	279	77
Sucres. Sucre candi, sucre blanc ou brun.	100 kil.	29	52
Sucre raffiné et sucre rendu, par un procédé quelconque, égal en qualité au sucre raffiné.	id.	29	52
Sucres inférieurs aux sucres raffinés :			
1re classe.	id.	28	35
2e classe.	id.	25	96
3e classe.	id.	23	37
4e classe.	id.	19	68
Mélasses.	id.	8	67
Tabac. Tabac non fabriqué contenant :			
moins de 10 p. 100 d'humidité.	100 k.	965	»
10 p. 100 et plus d'humidité.	id.	827	» (1)
Tabac fabriqué, à priser, contenant :			
13 p. 100 et moins d'humidité.	id.	1241	»
plus de 13 p. 100 d'humidité.	id.	1034	»
Tabac à fumer (Carvendish ou tête de nègre)	id.	1241	»
Autre tabac fabriqué.	id.	1103	»
Cigares.	id.	1399	»
Côtes de tabac, entières ou en poudre.	. . . . . .	Prohibés.	
Tapioca.	100 k.	93	»
Thé.	id.	138	»
Végétaux confits au sucre.	id.	23	»
Vermicelle.	id.	»	93
Vernis à l'alcool.	L'hectolitre.	330	17
Vinaigres ordinaires.	id.	6	88
— parfumés.	id.	385	20
Vins. Vins rouge et blanc et lies de vins contenant :			
d'esprit de preuve (2) d'après l'hydromètre de Sykes :			
moins de 26 p. 100.	id.	27	51
moins de 42 p. 100.	id.	68	76
Pour chaque degré au-dessus de 42.	id.	6	87
Articles non dénommés fabriqués ou non.	. . . . . .	Exempts.	

(1) Plus 5 0/0 pour droit additionnel.

(2) L'esprit de preuve renferme 50 0/0 d'alcool. Les vins contenant 42 0/0 et plus d'esprit de preuve, d'après l'hydromètre de Sykes, sont considérés comme spiritueux édulcorés, et passibles, dès lors, du droit de 279 fr. 77 c. par hectolitre.

TRAITÉ AVEC LA BELGIQUE

EN VIGUEUR DEPUIS LE 1er JUIN 1861.

Conclu pour dix ans.

DÉNOMINATION DES PRODUITS.	UNITÉS sur lesquelles portent les droits. (1)	DROITS applicables aux produits français importés par terre ou par mer, sous pavillon belge ou français.
Acides acétique, hydrochlorique, nitrique, sulfurique.	. . . . . .	Exempts.
Acier fondu brut.	100 k.	» 50
— en barres, feuilles ou fils.	id.	1 »
— ouvré.	id.	4 »
Agneaux.	par tête	» 40
Agrès et apparaux de navires.	. . . . . .	Exempts.
Amidon.	100 k.	1 20
Ancres pour la marine.	. . . . .	Exemptes.
Animaux non spécialement tarifés.	. . . . . .	Exempts.
Argent non ouvré.	. . . . . .	Exempt.
— ouvré.	la valeur	5 0/0
— monnayé.	. . . . . .	Exempt.
Armes.	. . . . . .	Exemptes.
Avoine (Grains).	100 k.	» 60
— (Farines).	id.	1 20
Bateaux de rivière.	. . . . . .	Exempts.
Bâtiments de mer.	. . . . . .	id.
Beurre.	100 k.	5 »
Bières en cercles.	l'hectolitre	6 »
— en bouteilles.	id.	7 »
Bijouterie.	la valeur	5 0/0
Biscuits de mer.	100 k.	1 20

(1) Le traité n'indique pas si, pour les produits taxés spécifiquement, les droits devront être perçus sur le poids brut ou sur le poids net.

Bitumes.	. . . . . .	Exempts.
Bœufs.	100 k. du poids brut sur pied.	1 »
Bois de chêne et de noyer.	mètre cube	1 »
— autres en grume et non sciés.	id.	3 »
Bois sciés : de moins de 5 centimètres d'épaisseur.	id. .	6 »
Bois sciés : de 5 centimètres et plus.	id.	9 »
— refendus, autres que de chêne et de noyer pour douves, merrains et caisses.	. . . . . .	Exempts. id.
— pour mâts, vergues et espars.	. . . . . .	id.
— divers (comprenant les pièces en bois de grume ayant moins de 75 centimètres de circonférence au gros bout).	la valeur	5 0/0
Ouvrages en bois, *de toute espèce.*	id.	10 0/0
Bois de teinture.	. . . . . .	Exempts. id.
Borax.	. . . . . .	id.
Bougies *de toute espèce.*	la valeur	10 0/0
Bouvillons.	100 k. du poids brut sur pied.	1 »
Cacao brut.	100 k.	15 »
— préparé.	id.	30 »
Café torréfié.	id.	17 50
— autre.	id.	13 20
Cannelle.	la valeur	15 0/0
Caoutchouc brut.	. . . . . .	Exempt.
— ouvré.	la valeur	10 0/0
Caractères d'imprimerie.	. . . . . .	Exempts.
Cendres gravelées.	. . . . . .	id.
— non spécialement tarifées.	. . . . . .	id.
Chaînes en fer pour la marine.	. . . . . .	Exemptes.
Chanvre. Fils mesurant au kilogramme 20,000 mètres ou moins : non tors et non teints.	100 k.	10 »
tors ou teints.	id.	15 »
Fils mesurant au kilogramme plus de 20,000 mètres : non tors et non teints.	id.	20 »
tors ou teints.	id.	30 »
Dentelles.	la valeur	5 0/0
Autres tissus.	id.	10 0/0
Chapeaux de toute sorte.	id.	10 0/0
Charbons de bois et de terre.	. . . . . .	Exempt.
Chaux.	. . . . . .	Exempte.
Chevaux.	par tête	18 »
Chicorée.	. . . . . .	Exempte.
Chiffons.	. . . . . .	Exempts.
Chlorure de chaux.	. . . . . .	Exempt.

Chocolat.	100 k.	30	»
Cigares.	id.	258	»
Cire brute.	. . . . . .	Exempte.	
— ouvrée.	la valeur	10	0/0
Conserves alimentaires à l'eau de vie et au sucre.	100 k.	60	»
— — autres.	id.	10	»
Coquillages de toute espèce autres que les huîtres.	. . . . . .	Exempts.	
Cordages.	. . . . . .	id.	
Cordes (1).	. . . . . .	Exemptes.	
Coton. Coton brut, y compris les ouates.	. . . . . .	Exempt.	
Fils écrus ou blanchis mesurant au 1/2 kilogr. :			
20,000 mètres au moins.	100 k.	15	»
20,000 mètres à 30,000.	id.	20	»
30,000 mètres à 40,000.	id.	30	»
40,000 mètres à 65,000.	id.	40	»
plus de 65,000 mètres.	id.	10	»
Fils teints ou ourdis mesurant au 1/2 kilogr. :			
20,000 mètres au moins.	id.	25	»
20,000 mètres à 30,000.	id.	30	»
30,000 mètres à 40,000.	id.	40	»
40,000 mètres à 65,000.	id.	50	»
plus de 65,000 mètres.	id.	10	»
Tissus unis, croisés, coutils, écrus, pesant 11 kil. et plus les 100 mèt. carrés :			
de 35 fils et moins aux 5 millim. carrés.	id.	50	»
de 36 fils et plus.	id.	80	»
pesant de 7 à 11 kilog. exclusivement les 100 mètres carrés :			
de 35 fils et moins.	id.	60	»
de 36 à 43 fils.	id.	100	»
de 44 fils et plus.	id.	200	»
pesant de 3 à 7 kil. exclusivement les 100 mètres carrés :			
de 27 fils et moins.	id.	80	»
de 28 à 35 fils.	id.	120	»
de 36 à 43 fils.	id.	190	»
de 44 fils et plus.	id.	300	»
Tissus blanchis pesant 11 kilog. et plus les 100 mètres carrés :			
de 35 fils et moins.	id.	57	50
de 30 fils et plus.	id.	92	»

(1) Les cordes ayant moins de 2 millim. de diamètre sont tarifées comme fils, suivant l'espèce.

Coton. Pesant de 7 à 11 kilog. exclusivement les 100 mètres carrés :			
de 35 fils et moins.	100 k.	69	»
de 36 à 45 fils.	id.	115	»
de 44 fils et plus.	id.	230	»
Pesant de 3 à 7 kilog. exclusivement les 100 mètres carrés :			
de 27 fils et moins.	id.	92	»
de 28 à 35 fils.	id.	138	»
de 36 à 45 fils.	id.	218	50
de 44 fils et plus.	id.	345	»
Tissus teints pesant 11 kilog. et plus les 100 mètres carrés :			
de 35 fils et moins.	id.	75	»
de 36 fils et plus.	id.	105	»
Pesant de 7 à 11 kilog. exclusivement les 100 mètres carrés :			
de 35 fils et moins.	id.	85	»
de 36 à 43 fils.	id.	125	»
de 44 fils et plus.	id.	225	»
Pesant de 3 à 7 kilog. exclusivement les 100 mètres carrés :			
de 27 fils et moins.	id.	105	»
de 28 à 35 fils.	id.	145	»
de 36 à 43 fils.	id.	215	»
de 44 fils et plus.	id.	325	»
Velours, façon soie (dits velvets) :			
écrus.	id.	85	»
teints ou imprimés.	id.	110	»
Velours, autres (cords, moleskins, etc.) :			
écrus.	id.	60	»
teints ou imprimés.	id.	85	»
Piqués, basins, façonnés, damassés et brillantés.	la valeur	15	0/0
Dentelles et blondes.	id.	5	0/0
Broderies à la main.	id.	10	0/0
Couleurs.	. . . .	Exemptes.	
Crin.	. . . .	id.	
Cuivre. Cuivre brut et feuilles, chevilles et clous pour doublage de navires.	. . . .	id.	
Cuivre battu, laminé et étiré; cuivre ouvré.	100 k.	10	»
Monnaie étrangère.	id.	60	»
Drèche.	id.	»	60
Drilles.	. . . .	Exemptes.	
Eaux-de-vie en cercles, à 50 degrés ou moins.	l'hectolitre	42	50
pour chaque degré au-dessus de 50.	id.	»	85
— en bouteilles, sans distinction de degrés.	id.	85	»

Écorces à tan.	. . . .	Exemptes.
Emballages.	. . . .	id.
Engrais.	. . . .	id.
Epeautre, Grains.	100 k.	» 60
— Farines.	id.	1 20
Étain non ouvré, y compris l'étain laminé.	. . . .	Exempt.
— ouvré.	la valeur	10 0/0
Fécules.	100 k.	1 20
Fer. Minerai et limailles.	. . . .	Exempts.
Vieux fer.	100 k.	0 50
— battu, étiré et laminé.	id.	1 »
— ouvré.	id.	4 »
Fer-blanc non ouvré.	id.	3 »
— ouvré.	id.	10 »
Fèves et féveroles.	. . . .	Exemptes.
Ficelles (1).	. . . .	Exemptes.
Filaments végétaux non spécialement tarifés.	. . . .	id.
Filets et autres ustensiles pour la pêche maritime.	. . . .	id.
Fonte brute.	100 k.	» 50
— ouvrée.	id.	2 »
Fourrages.	. . . .	Exempts.
Fromages.	100 k.	10 »
Froment. Grains.	id.	» 60
— Farines.	id.	1 20
Fruits. Amandes.	id.	20 »
Citrons, figues et oranges.	id.	6 »
Pruneaux et raisins secs.	id.	15 »
— non spécialement tarifés.	la valeur	10 0/0
Génisses.	100 k. du poids brut sur pied.	1 »
Glaces brutes et étamées.	la valeur.	10 0/0
Graisses.	. . . .	Exemptes.
Gruau.	100 k.	1 20
Huiles, *de toute espèce.*	. . . .	Exemptes.
Instruments de chirurgie, de précision, de physique et de chimie (pour laboratoire).	. . . .	Exempts.
— de musique et pièces détachées d'instruments.	la valeur	6 0/0
Ivoire (Ouvrages en).	id.	10 0/0
Joncs bruts.	. . . .	Exempts.
Jus de réglisse.	les 100 k.	10 »
Jute (Fils et tissus de). Mêmes droits que ceux indiqués au mot Chanvre.		

(1) Les ficelles ayant moins de 2 millimètres de diamètre sont tarifées comme fils, suivant l'espèce.

Laine. Laines en masse.	. . . .	Exemptes.
Fils non tors et non teints.	100 k.	20 »
Fils tors ou teints.	id.	30 »
Châles et écharpes de cachemire des Indes.	la valeur	5 0/0
Autres tissus.	id.	10 0/0 (1)
Lait.	. . . .	Exempt.
Légumes non spécialement tarifés.	. . . .	id.
Lentilles.	100 k.	» 60
Levûre de bière.	. . . .	Exempte.
Macaroni.	100 k.	1 20
Machines et mécaniques en acier.	id.	4 »
— en bois.	la valeur	10 0/0
— en cuivre.	100 k.	12 »
— en fer.	id.	4 »
— en fonte.	id.	2 »
— en matières autres que celles dénommées ci-dessus.	id.	12 »
Maïs. Grains.	id.	» 60
— Farines.	id.	1 20
Matières animales brutes non spécialement tarifées.	. . . .	Exemptes.
Mélasses pour la distillation.	. . . .	Exemptes.
— contenant 50 p. 100 ou plus de richesse saccharine (2).	. . . .	Exemptes.
— incristallisables, provenant de la fabrication et du raffinage du sucre, contenant moins de 50 p. 100 de richesse saccharine.	100 k.	15 »
Mercerie.	la valeur	10 0/0
Métaux non spécialement tarifés.	. . . .	Exempts.
Méteil. Grains.	100 k.	» 60
— Farines.	id.	1 20
Miel.	id.	12 »
Minéraux non spécialement tarifés.	. . . .	Exempts.
Montres en or et en argent.	la valeur	5 0/0
Moutons.	par tête	» 40
Moutures de toute espèce.	100 k.	1 20
Objets d'art et de collection non spécialement tarifés.	. . . .	Exempts.
Œufs.	. . . .	Exempts.
Or ouvré.	la valeur	5 0/0
— non ouvré.	. . . .	Exempt.
— monnayé.	. . . .	id.
Orge. Grains.	100 k.	» 60
— Farines.	id.	1 20

(1) Les importateurs ont la faculté de demander l'application du droit de 260 francs par 100 kil.

(2) Ces mélasses sont soumises à des droits d'accise qui s'élèvent à 34,26 par 100 kilog.

Orge perlé.	100 k.	1 20
Ouvrages de modes.	la valeur	10 0/0
Pain.	100 k.	1 20
Papiers à meubler.	id.	8 »
— autres.	id.	4 »
Parfumeries.	la valeur	10 0/0
Peaux brutes et parchemin.	. . . . . .	Exemptes.
— de chèvre et de mouton, tannées en croûte, et de chevreau mégies en croûte.	100 k.	5 »
— tannées et corroyées.	id.	15 »
— autrement préparées et apprêtées.	id.	30 »
— ouvrées.	la valeur	10 0/0
Pierres brutes, taillées ou sciées.	. . . . . .	Exemptes.
— polies ou sculptées.	la valeur	10 0/0
— Ardoises.	l. mille en nomb.	4 »
Piment.	la valeur.	15 0/0
Plomb non ouvré.	. . . . . .	Exempt.
— ouvré.	la valeur	10 0/0
Pois.	100 k.	» 60
Poissons de toute espèce.	id.	1 »
Poivre.	la valeur	15 0/0
Porcs.	par tête	» 40
Poteries. Terre cuite.	. . . . . .	Exemptes.
— commune.	100 k.	1 50
— Faïences et porcelaines.	id.	10 »
Poudre à tirer.	id.	15 »
Poulains.	par tête	6 »
Produits chimiques non dénommés.	. . . . . .	Exempts.
— divers pour l'industrie.	la valeur	5 0/0
— typographiques.	. . . . . .	Exempts.
Quincaillerie.	la valeur	10 0/0
Résines de toute sorte.	. . . . . .	Exemptes.
Riz en paille et non pelé.	100 k.	1 »
— pelé.	id.	1 50
Sarrazin. Grains.	id.	» 60
— Farines.	id.	1 20
Savons.	id.	6 »
Seigle. Grains.	id.	» 60
— Farines.	id.	1 20
Sels ammoniacaux et de potasse.	. . . . . .	Exempts.
— de soude, carbonates.	100 k.	3 »
— de soude, sulfates et sulfites.	id.	1 50
— de soude, autres (le sel marin excepté).	. . . . . .	Exempts.
— bruts de toute sorte (1).	. . . . . .	Exempts.
— raffinés.	100 k.	40 70

(1) Les sels marins français exportés par mer, à destination de la Belgique, jouissent sur le taux des droits d'accise, qui s'élèvent à 18 fr. par 100 kil., d'une bonification de 7 p. 100, supérieure à celle qui pourrait être accordée aux sels de toute autre provenance. Le bénéfice de cette dernière disposition demeure, d'ailleurs, subordonné à la condition que les sels seront accompagnés de certificats délivrés par les agents consulaires belges ou par les agents des douanes au port d'embarquement, et attestant que la denrée n'a été soumise en France à aucune opération de raffinage. Si cette condition

Semoules.	100 k.	1 20
Sirops importés pour la distillation.	. . . . . .	Exempts.
— de fabric. conten. du sucre cristal.(1)	. . . . . .	id.
autres (conserves au sucre).	100 k.	60 »
Soies. Soies en masse.	. . . . . .	Exemptes.
— Tulles et dentelles.	la valeur	5 0/0
— Autres tissus.	100 k.	300 »
Son.	id.	1 20
Soufre.	. . . . . .	Exempt.
Sucres bruts (2).	. . . . . .	id.
Sucres raffinés. Sucres candis.	100 k.	51 70
— Sucres en pains.	id.	51 13
— Sucres au-dessus du n° 18.	id.	51 13
Tabacs. Côtes.	id.	8 40
— non fabriqués.	id.	13 20
— fabriqués, cigares.	id.	258 »
— fabriqués, autres.	id.	42 »
Taureaux et taurillons.	100 k. du poids brut sur pied	1 »
Teintures.	. . . . . .	Exemptes.
Tissus non spécialement tarifés.	la valeur	10 0/0
Toiles à voiles.	. . . . . .	Exemptes.
Tourteaux.	. . . . . .	Exempts.
Truffes.	la valeur	15 0/0
Vaches.	100 k. du poids brut sur pied.	1 »
Veaux.	id.	1 »
Végétaux non spécialement tarifés.	. . . . . .	Exempts.
Vermicelle.	100 k.	1 20
Verrerie. Verre cassé et groisil.	. . . . . .	Exempt.
Glaces et verre de vitrage.	la valeur	10 0/0
Verrerie commune.	100 k.	1 »
Verrerie, autre.	la valeur	10 0/0
Vesces. Grains.	100 k.	» 60
— Farines.	id.	1 20
Viandes.	id.	1 20
Vins (3) en cercles.	l'hectolitre	23 »
— en bouteilles.	id.	24 »
Voitures.	la valeur	10 0/0
Zinc non ouvré.	. . . . . .	Exempt.
— ouvré.	la valeur	10 0/0

n'était pas remplie, la réfaction de 7 p. 100 ne serait accordée qu'en fournissant la preuve du raffinage en Belgique. Il a été stipulé, enfin, que le sel raffiné d'origine française serait reçu en exemption des droits d'entrée pour les usages auxquels la Belgique accorde l'exemption du droit d'accise sur les sels bruts (salaison du poisson provenant de la pêche nationale, alimentation du bétail, amendement des terres, fabrication d'engrais et du sulfate de soude). La saumure est assimilée au sel brut et taxée à raison de la quantité de sel qu'elle contient.

(1) Ces sirops sont frappés d'un droit d'accise de 34 fr. 26 c. par 100 kil.

(2) Les sucres bruts sont soumis aux droits d'accise ci-après :

Du n° 15 au n° 18 inclus. 100 k. 48 07   Du n° 10 au n° 15 exclus. 100 k. 45 »
Du n° 7 au n° 10 exclus. id. 40 91   Au-dessous du n° 7.. . . id. 34 26

(3) Ne sont pas réputés vins, les liquides contenant une quantité d'alcool supérieure à 21 p. 100. Le vermouth est assimilé aux vins.

TRAITÉ AVEC LE ROYAUME D'ITALIE

EN VIGUEUR DEPUIS LE 1er FÉVRIER 1864.

Conclu pour douze ans.

DÉNOMINATION DES PRODUITS.	UNITÉS sur lesquelles portent les droits. (1)	DROITS applicables aux produits français importés par terre ou par mer sous pavillon français ou italien.	
Acétates d'aluminium, de cuivre, de fer et de plomb.	100 k.	1	»
Acides benzoïque, borique et gallique.	. . . .	Exempts.	
— hydrochlorique.	100 k.	2	»
— nitrique.	id.	1	»
— oléique.	id.	5	»
— oxalique.	id.	8	»
— stéarique.	id.	5	»
Acier en barres ou verges et débris de vieux ouvrages.	id.	13	85
— laminé (en feuilles ou en plaques).	id.	13	85
Fils d'acier.	id.	23	10
Outils en acier.	id.	9	25
Autres objets.	id.	23	10
Agaric préparé (amadou).	100 k.	2	»
Agates et autres pièces de même espèce, ouvrées.	la valeur.	10	0/0
Aiguilles à coudre.	100 k.	57	75
Albâtres bruts, équarris, ébauchés, pulvérisés.	. . . . .	Exempts.	
— sciés en planches de 16 centim. et plus d'épaisseur.	100 k.	1	»
— autrement sciés, sculptés, moulés ou polis.	100 k.	1	50
Alcools (2) en futailles, simples, de 22 degrés et au dessous.	l'hectolitre.	5	50
— en futailles, simples, au-dessus de 22 degrés.	id.	10	»
— en futailles, composés (liqueurs).	id.	15	»
— en bouteilles, simples.	la bouteille.	»	10
— en bouteilles, composés (liqueurs).	la bouteille.	»	15

(1) Le traité n'indique pas si, pour les produits taxés spécifiquement, les droits devront être perçus sur le poids brut ou sur le poids net.

(2) Les alcools sont, en outre, soumis à des droits de consommation variant, suivant l'importance des localités, de 6 à 20 francs par hectolitre.

Alun de toute espèce.	100 k.	»	50
Ambre gris.	id.	2	»
Amidon.	id.	1	50
Ancres pour la marine.	id.	8	»
Antimoine, minerai.	....	Exempt.	
— métallique ou régule.	100 k.	6	»
Argent. Bijouterie et orfévrerie.	la valeur.	5	0/0
Feuilles d'argent.	100 k.	460	»
Armes. Baïonnettes.	id.	23	10
— Canons en fer.	id.	8	»
— Canons en bronze.	id.	17	30
— Canons de fusils de guerre.	la pièce.	1	15
— Canons de fusils de chasse.	id.	3	45
— Canons de pistolet.	id.	»	40
— Epées et sabres avec poignée :			
d'acier.	id.	2	60
d'argent.	id.	6	95
d'argent doré.	id.	10	40
d'autre métal, non doré et non arg.té	id.	1	75
d'autre métal, doré ou argenté.	id.	3	45
— Fusils de calibre.	id.	2	50
— Lames de sabre, ordinaires.	100 k.	27	70
— Lames de sabre, dorées ou damasquinées.	la pièce.	»	50
— Pistolets de mesure.	id.	1	70
Arsenic métallique.	....	Exempt.	
Barques, bateaux et bâtiments de mer.	....	Exempts.	
Baumes.	100 k.	2	»
Betteraves.	......	Exemptes.	
Beurre salé ou fondu.	......	id.	
— frais.	100 k.	2	»
Bière (1).	l'hectolitre.	2	»
Bijouterie en or, argent, platine ou autres métaux.	la valeur.	5	0/0
Bimbeloterie.	100 k.	40	»
Bitumes de toute sorte.	......	Exempts.	
Blanc de baleine et de cachalot.	100 k.	2	»
Bois de construction, bruts ; simplement équarris; sciés, en éclisses; bois feuillard; bois de chêne et de noyer.	......	Exempts.	
— Avirons, balais communs, échalas.	......	id.	
— Futailles vides, neuves ou vieilles, montées ou démontées.	......	id.	
Cerclées en bois.	....	id.	
Cerclées en fer.	la valeur.	10	0/0
— Meubles de toute espèce.	id.	10	0/0
Boutons en bois.	100 k.	40	»

(1) La bière est, en outre, soumise à un droit de consommation de 5 fr. par hectolitre.

Bois de teinture et pour tanneries.	. . . . . .	Exempt.
Borax brut.	. . . . . .	id.
Bougies en acide stéarique.	100 k.	10 »
— en cire.	la valeur.	3 0/0
Brome.	100 k.	2 »
Bronze. Limailles.	. . . . . .	Exemptes.
— en pains, rosettes, masses et débris de vieux ouvrages.	100 k.	4 »
— Gros objets, tels que canons et cloches.	id.	17 30
— Objets divers non dorés.	id.	50 »
— Objets divers dorés.	id.	100 »
Brosserie commune en bois.	id.	40 »
— — autre.	id.	50 »
— fine.	id.	100 »
Câbles.	100 k.	3 »
Cacao simplement broyé.	id.	35 »
Cadmium brut.	. . . . . .	Exempt.
Camphre brut et raffiné.	100 k.	2 »
Caoutchouc ouvré.	id.	28 85
— en passementerie et en rubans.	id.	115 50
— en fils et en courroies pour machines et mécaniques.	id.	4 60
Caractères d'imprimerie neufs.	id.	5 75
— vieux.	id.	3 »
Carbonates de baryte.	id.	2 »
— de potasse et de soude.	id.	» 50
Cartes géographiques.	. . . . . .	Exemptes
— à jouer.	le jeu.	» 20
Cartons de toute espèce.	100 k.	8 »
Castoréum.	id.	2 »
Cendres végétales.	id.	» 50
Champignons.	. . . . . .	Exempts.
Chandelles de suif.	100 k.	5 »
Chanvre brut ou peigné.	. . . . . .	Exempt.
— Fils simpl. écrus, lessivés ou blanchis.	100 k.	11 55
— Fils simples teints et fils retors, écrus, lessivés ou blanchis.	id.	23 10
— Fils retors teints.	id.	34 65
— Tissus unis, écrus ou blanchis, ayant dans l'espace de 5 millim. moins de 6 fils en chaîne.	id.	23 10
— Tissus écrus, blanchis ou mélangés de blanc ayant dans l'espace de 5 millim. 6 fils et plus en chaîne.	id.	57 75
— Tissus teints ou fabriqués avec des fils teints ayant dans l'espace de 5 millim. :		
Moins de 6 fils.	id.	38 »
6 fils et plus.	id.	90 »
— Tissus imprimés.	id.	115 »

Chanvre. Coutil, linge damassé, batiste, bonneterie, passementerie et boutonnerie. (Mêmes droits que les tissus selon l'espèce.)		
Rubanerie de fil écru, blanchie ou teinte.	100 k.	80 »
— Tapis de pied.	id.	40 »
— Vêtements, lingerie et articles non dénommés. (Mêmes droits que l'étoffe principale dont ils sont formés.)		
— Tissus mélangés de laine ou de coton. (Régime de la matière qui domine en poids.)		
— Tulles et dentelles.	100 k.	925 »
Chapeaux de paille.	. . . . . .	Exempts.
Chicorée brûlée et moulue.	100 k.	5 »
Chlorures de chaux, de manganèse, de potassium, de soude.	id.	2 »
Chocolat.	id.	35 »
Cidre.	l'hectolitre.	3 30
Cirage de toute sorte.	100 k.	4 »
Cire brute, jaune, blanche et ouvrée.	la valeur.	3 0/0
Cire à cacheter.	id.	10 0/0
Civettes.	100 k.	2 »
Colle forte.	id.	10 »
Colle de poisson.	id.	11 50
Composés de cobalt.	id.	1 »
Corail brut et taillé non monté.	. . . . . .	Exempt.
Cordes en chanvre.	100 k.	3 »
Cornes de bétail brutes.	. . . . . .	Exemptes.
— préparées.	100 k.	3 »
Coton en laine ou en masse.	. . . . . .	Exempt.
— en feuilles cardées ou gommées (ouate).	100 k.	5 75
— Fils écrus simples, ne mesurant pas plus de 20,000 mètres au demi-kilog.	id.	15 »
— Fils écrus simples, mesurant de 20,001 à 30,000 mètres au demi-kilog.	id.	20 »
— Fils écrus simples, mesurant plus de 30,000 mètres au demi-kilog.	id.	25 »
— Fils retors de tout numéro.	id.	28 85
— Fils blanchis ou teints de toute qualité ou numéro.	id.	34 65
— Tissus écrus du poids de 7 à 11 kil. et plus par 100 mètres carrés et de 35 fils au moins dans 5 millim. carrés.	id.	50 »

4

Coton Tissus blanchis se trouvant dans les conditions indiquées au paragraphe précédent.	100 k.	57	»
— Tissus écrus, non dénommés.	id.	65	»
— Tissus blanchis, non dénommés.	id.	74	»
— Tissus teints.	id.	90	»
— Velours de toute espèce.	id.	85	»
— Tulles, dentelles et blondes.	id.	230	»
— Tissus de coton mélangé de lin ou de chanvre. (Régime de la matière dominante.)			
Couleurs non dénommées, en pâte ou en tablettes.	id.	4	»
Coutellerie. Objets avec manches en bois commun, non garnis.	id.	9	25
— Objets avec manches de toute autre matière.	id.	100	»
Crayons composés, à gaîne de bois.	la valeur.	10	0/0
— simples, en pierres sciées ou taillées.	100 k.	1	»
Crin brut de toute nature.	id.	1	»
— frisé et cordes.	id.	3	»
— Ouvrages grossiers.	id.	4	»
— Tissus pour tamis.	id.	25	»
— Tissus, autres.	id.	40	»
Cristal de roche, brut ou ouvré.	. . . . . .	Exempt.	
Cuir (Ouvrages en).			
Cuivre. Minerai et limailles.	. . . . . .	Exempt.	
— en pains, rosettes, masses et débris de vieux ouvrages.	100 k.	4	»
— laminé.	id.	9	25
— battu et en fils.	id.	12	»
Cuivre doré ou argenté :			
En lingots.	id.	34	65
Filé sur fil et sur soie.	id.	98	15
Battu, étiré ou laminé.	id.	57	55
Cuivre ouvré :			
Ferré.	id.	17	30
Non ferré.	id.	20	»
Doré ou argenté.	id.	100	»
Curcuma en poudre.	. . . . . .	Exempt.	
Dégras de peaux.	100 k.	1	»
Dents de loup.	. . . . . .	Exemptes.	
Duvet.	100 k.	11	55
Eaux de la Chartreuse.	. . . . . .	Exemptes.	
— minérales (cruches et bouteilles non comprises) (1).	. . . . . .	id.	
— -de-vie (voir le mot Alcools)			

(1) Les eaux minérales sont frappées d'un droit de consommation qui s'élève à 3 fr. par hectolitre.

Ecorces médicinales.	100 k.	2 »
— à tan, de toute sorte.	. . . . . .	Exemptes.
Ecossines brutes taillées ou sciées.	. . . . . .	id.
— sculptées ou polies.	100 k.	» 50
Encre à écrire ou à imprimer.	id.	11 55
Epices préparées.	100 k.	25 »
Epingles.	id.	50 »
Eponges fines.	id.	50 »
— ordinaires.	id.	20 »
Essences volatiles d'orange et leurs variétés.	. . . . . .	Exemptes.
Etain. Minerai et en pains, saumons, barres, débris.	. . . . . .	id.
Etain battu, laminé et en feuilles.	100 k.	6 »
Etain de glace (bismuth).	. . . . . .	Exempt.
Poteries et autres ouvrages en étain pur ou allié d'antimoine.	100 k.	17 30
Extraits de quinquina.	id.	2 »
— de viandes.	. . . . . .	Exempts.
Faïences. (Voir le mot Poteries.)		
Fanons de baleine, bruts.	. . . . . .	id.
Fer. Minerai de fer, écailles, pailles, limailles et scories.	. . . . . .	id.
Ferraille et débris de vieux ouvrages.	100 k.	1 15
Fer en rails pour chemins de fer.	id.	1 15
Fer de première fabrication en barres, verges, etc., *de toute forme.*	id.	5 75
Fer laminé en plaques, ayant en épaisseur moins de 4 millimètres.	id.	9 25
Fer laminé en plaques, ayant en épaisseur 4 millimètres et plus.	id.	5 75
Fer simple de seconde fabrication.	id.	11 55
Ancres, canons, enclumes, martinets, socs de charrue.	id.	8 »
Fil de fer au-dessous de 7 millimètres.	id.	8 10
Fer ouvré garni d'autres métaux.	id.	13 85
Outils en fer et en fer et en acier.	id.	9 25
Ouvrages en fer et en fonte.	Régime de la matière domin.	
Fer-blanc non ouvré.	100 k.	9 25
— ouvré, même avec de petites garnitures d'autres métaux.	id.	15 »
Feuilles et fleurs médicinales.	100 k.	2 »
Filets de pêche.	id.	13 85
Fleurs artificielles.	100 k.	500 » plus 5 o/o de la valeur
Fonte en masse et débris de vieux ouvrages.	. . . . . .	Exempts.
Fonte en coussinets, pour chemins de fer.	100 k.	» 60
Fonte ouvrée, non polie, ni tournée.	id.	4 »
Fonte ouvrée, polie ou tournée, étamée, émaillée ou vernissée, même garnie d'autres métaux.	id.	4 60
Ouvrages en fonte et en fer.	Régime de la matière domin.	

Fromages de pâte molle.	100 k.	3	»
— de pâte dure.	id.	4	»
Fruits confits, secs et tapés.	id.	8	»
— à distiller.	id.	2	»
— frais et verts de table.	. . . . .	Exempts.	
— oléagineux.	. . . . .	id.	
Gants en peau.	la valeur.	5 0/0	
Garancine.	100 k.	2	»
Gibier mort ou vivant.	. . . . .	Exempt.	
Glaces brutes.	100 k.	8	»
— polies, non étamées.	id.	15	»
— polies, étamées.	id.	25	»
Gommes-résines.	id.	2	»
Graines à ensemencer.	. . . . .	Exemptes.	
— oléagineuses.	. . . . .	id.	
Graisses animales.	100 k.	1	»
— de poisson.	id.	5	75
Graphite.	. . . . .	Exempte.	
Gravures.	. . . . .	Exemptes.	
Grès. (Voir le mot Poteries.)			
Groisil.	. . . . .	Exempt.	
Gutta-percha. (Voir le mot Caoutchouc.)			
Hameçons *de toute espèce*.	100 k.	23	20
Herbes médicinales.	100 k.	2	»
Horlogerie. Montres simples à boîte d'or.	la pièce.	2	30
— Montres simples à boîte de tout autre métal.	id.	1	15
— Montres à répétition.	id.	4	60
— Mouvements de montre.	id.	»	35
— Horloges de table.	id.	3	50
— Horloges pour voyages et en tableaux.	id.	3	50
— Mouvements d'horloges de table, d'horloges pour voyages, pour tableaux et pour pendules.	100 k.	57	75
— Mouvem. d'horloges de clocher.	id.	23	10
— Cages de pendule en albâtre, cristal, bronze ou bois.	Même régime que les ouvrages de la matière dont elles sont formées.		
— Fournitures d'horlogerie.	100 k.	57	75
— Carillons à musique.	la pièce.	3	»
Houblon.	100 k.	2	50
Houille crue et carbonisée.	100 k.	1	»
Huiles fines d'olive.	100 k.	3	»
— de sésame, d'arachide, de pavot et autres non dénommées, comestibles ou combustibles.	100 k.	6	»
— de lin, de chènevis, de palme, de coco, de noix, de poisson et autres, non comestibles, ni combustibles.	100 k.	5	75

Instruments de chirurgie, de précision, de physique et de chimie.	100 k.	10	»
Instruments de musique (autres que les orgues et les pianos spécialement tarifés).	la pièce.	»	50
Iode.	100 k.	2	»
Ivoire.	id.	·100	»
Joncs bruts.	. . . . . .	Exempts.	
Jus de citron, d'orange et leurs variétés.	. . . . . .	id.	
— de réglisse.	100 k.	4	»
Jute. Fils non tors et non teints mesurant au kilog. 20,000 mètres ou moins.	id.	10	»
Fils tors ou teints mesurant au kilog. 20,000 mètres au moins.	id.	15	»
Fils non tors et non teints mesurant au kilog. 20,000 mètres ou moins.	id.	20	»
Fils tors ou teints mesurant au kilog. plus de 20,000 mètres.	id.	30	»
Tissus de toute espèce.	la valeur.	15	0/0
Kermès en grains et en poudre.	100 k.	2	»
Kino (suc végétal).	id.	2	»
Laine. Laine en masse et bourre de laine.	. . . . . .	Exempte.	
Laine en masse teinte.	100 k.	3	45
Fils simples et retors, mais non teints.	id.	46	20
Fils teints.	id.	69	30
Tissus de laine pure.	id.	160	»
Feutres à doublage, à filtrer et pour semelles.	id.	5	75
Feutres pour chapeaux.	id.	17	30
Couvertures de bourre de laine, de lambeaux et lisières de drap.	id.	57	75
Couvertures de bourre de laine de toute autre qualité.	id.	85	»
Tapis de laine.	id.	100	»
Bonneterie et passementerie de laine.	Même rég. que les tiss. de laine		
Rubanerie de laine ou de poil, pure ou mélangée et dentelles de laine.	100 k.	230	»
Châles, mouchoirs, cravates et autres articles à la pièce :			
Valant 50 francs ou moins.	id.	345	»
— de qualité supérieure, même mélangés de soie ou de bourre de soie ou brodés.	id.	345	»
Vêtements et autres ouvrages neufs non dénommés (droit de l'étoffe principale dont ils sont formés).			
Vêtements et autres ouvrages vieux (moitié du droit dont seraient passibles les vêtements et autres ouvrages neufs).			

Lait.	. . . . . .	Exempt.
Laiton. (Voir le mot Cuivre.)		
Légumes salés ou confits au vinaigre.	100 k.	3 »
Liége brut.	. . . . . .	Exempt.
— ouvré.	100 k.	10 »
Lies de vin.	. . . . . .	Exemptes.
Lin. (Voir le mot Chanvre.)		
Liqueurs. (Voir le mot Alcools.)		
Lithographies.	. . . . . .	id.
Livres en langues morte ou vivante.	. . . . . .	id.
— reliés en velours ou autrement.	100 k.	100 »
Machines et mécaniques. Machines à vapeur, locomotives, locomobiles ou de navigation.	id.	4 »
Machines fixes à vapeur et hydrauliq.	id.	3 »
Machines pour l'agriculture, l'industrie et les arts.	id.	2 »
Machines non dénommées.	la valeur.	1 0/0
Manganèse.	. . . . . .	Exempt.
Manne.	100 k.	2 »
Marbres (mêmes droits que ceux indiqués au mot Albâtre).		
Matériaux (ardoises, briques, carreaux, chaux, plâtre, tuiles).	. . . . . .	Exempts.
Maurelle.	. . . . . .	id.
Mélasse.	100 k.	6 95
Mercerie commune, de bois.	id.	40 »
— commune, autre.	id.	50 »
— fine.	id.	100 »
Mercure natif.	. . . . . .	Exempt.
Métaux dorés ou argentés non dénommés (Ouvrages en).	100 k.	100 »
Métaux plaqués sans distinction de titre (Ouvrages en).	id.	100 »
Meules.	. . . . . .	Exemptes.
Miel.	100 k.	5 »
Modes (Ouvrages de).	id.	500 » plus 5 o/o de la valeur
Moutarde en graines.	. . . . . .	Exempte.
— liquide ou composée.	100 k.	5 »
Mules et mulets.	par tête.	5 »
Musc.	100 k.	2 »
Musique gravée.	id.	15 »
Nickel pur.	Même régime que le cuivre.	
— allié d'autres métaux (argentan) en lingots ou masses brutes.	100 k.	4 »
— battu, laminé et étiré.	id.	10 »
Ouvrages en nickel allié au cuivre ou au zinc (argentan).	id.	100 »
Nitrates de potasse.	. . . . . .	Exempts.
— de soude.	. . . . . .	id.

Noir d'os.	100 k.	2 »
Objets de collection hors de commerce.	. . . . . .	Exempts.
Or. Bijouterie et orfévrerie.	la valeur.	5 0/0
— battu en feuilles.	100 k.	925 »
Oreillons.	. . . . . .	Exempts.
Orgues pour églises.	100 k.	10 »
— portatives.	la pièce.	4 »
Orseilles de toute sorte.	100 k.	2 »
Os de bétail.	. . . . . .	Exempts.
— calcinés, blancs.	100 k.	2 »
Oxydes d'étain, de fer, de plomb, de zinc (blanc ou gris).	id.	2 »
Paille. Chapeaux de paille.	. . . . . .	Exempts.
Tresses en paille pour cordages.	100 k.	2 »
— — autres.	id.	5 »
Papier brouillard et grossier pour enveloppes.	id.	8 »
— blanc et de pâte de couleur de toute qualité.	id.	10 »
— peint ou doré et pour tenture.	id.	25 »
Parapluies et parasols en soie.	la pièce.	1 »
— en autres étoffes que la soie.	id.	» 50
— Fournitures.	100 k.	20 »
Parfumeries.	la valeur.	10 0/0
Pâtes d'Italie.	. . . . . .	Exemptes.
Peaux brutes, y compris celles de chiens de mer.	. . . . . .	id.
— vernies et maroquinées.	100 k.	80 »
— teintes, de mouton.	id.	45 »
— tannées.	id.	15 »
— autres que celles indiquées ci-dessus, préparées, de toute sorte.	id.	15 »
Gants en peau.	la valeur.	5 0/0
Autres ouvrages en peau.	100 k.	50 »
Phormium tenax (fils de tissus). *V. le mot Jute.*	Mêmes droits que les fils et les tissus de jute.	
Phosphates naturels.	. . . . . .	Exempts.
Pianos.	la pièce.	7 » plus 5 o/o de la valeur
Pièces détach. de machines. Cardes à carder.	100 k.	5 75
— Peignes à tisser.	id.	5 75
Pierres à aiguiser.	. . . . . .	Exemptes.
— de construction (brutes, taillées ou sciées).	. . . . . .	id.
— ouvrées, de même espèce que les agates.	la valeur.	10 0/0
Plantes alcalines.	. . . . . .	Exemptes.
Platine (Bijouterie en).	la valeur.	5 0/0
Plomb. Minerai de plomb.	. . . . . .	Exempt.
— en pains et en débris.	100 k.	» 50
— battu, laminé ; plomb allié d'antimoine en masses.	id.	3 »
Ouvrages en plomb de toute sorte.	id.	3 »

Plumes à écrire, en métal autre que d'or ou d'argent.	100 k.	57
— à écrire, d'oiseau, brutes ou apprêtées.	. . . . . .	Exemptes.
— à lit, de toute sorte, duvet et autres.	100 k.	11 55
Poissons d'eau douce, frais.	. . . . . .	Exempts.
— — préparés.	100 k.	4 60
— de mer, frais, secs, salés ou fumés.	id.	4 60
— — marinés ou à l'huile.	id.	10 »
Pommes de terre.	. . . . . .	Exemptes.
Poterie grossière de terre et de grès commun :		
Carreaux, briques, tuiles, tuyaux de drainage et autres.	. . . . . .	id.
Carreaux enduits ou vernissés.	100 k.	» 90
Creusets, jarres à huile, fourneaux, même incrustés de faïence et autres ouvrages grossiers.	id.	1 15
— en terre et en grès commun.	id.	3 45
Poterie de faïence et de grès fin :		
Carreaux pour pavés.	id.	2 »
Ouvrages divers blancs.	id.	8 »
Ouvrages divers dorés, peints ou coloriés.	id.	12 »
Porcelaines blanches.	id.	12 »
Porcelaines dorées, peintes ou coloriées.	id.	25 »
Praiss (sauce de tabac).	id.	2 »
Produits chimiques non dénommés, y compris les acides.	id.	4 »
Prussiate de potasse rouge ou jaune.	id.	10 »
Racines de chicorée :		
— sèches.	100 k.	1 »
— vertes.	id.	» 25
— de réglisse.	. . . . . .	Exemptes.
— médicinales de toute espèce.	100 k.	2 »
Résines ordinaires d'exsudation et de combustion.	id.	1 »
— ordinaires épurées.	id.	2 »
— exotiques.	id.	2 »
Ressorts en acier pour carrosserie.	id.	15 »
Riz en grains.	. . . . . .	Exempt.
Roseaux bruts.	. . . . . .	Exempts.
Sabots de bétail.	. . . . . .	id.
Safre (composé du cobalt).	100 k.	1
Sangsues.	. . . . . .	Exemptes.
Sarcocolle.	100 k.	2 »
Sauces.	id.	25 »
Savons ordinaires et de parfumerie.	id.	6 »
Sel gemme, fossile, en cristaux.	id.	40 »

Soie en cocons (grège ou moulinée); bourre de soie et déchet de soie, en masses ou filés; soie et bourre de soie teintes.	. . . . . .	Exemptes.
— Tissus de soie pure; tissus de bourre de soie ou de bourre et de soie; foulards écrus, imprimés ou teints; tapis; couvertures, bonneterie et passementerie.	100 k.	300 »
— Rubans de soie ou de bourre de soie :		
Velours.	id.	500 »
Rubans autres que de velours.	id.	800 »
Rubans mélangés.	la valeur.	10 0/0
Tulles et dentelles.	id.	5 0/0
— Tissus, passementeries et dentelles avec or ou argent :		
Fin.	100 k.	1155 »
Faux.	id.	350 »
— Vêtements et autres articles non dénommés (Régime de l'étoffe principale dont ils sont formés.)		
Les tissus mélangés paient le droit de la matière dominante en poids. Toutefois, lorsqu'ils contiennent plus de 12 p. 100 et jusqu'à 50 p. 100 de soie ou de bourre de soie, ils sont soumis à un droit de 300 fr. par 100 kilog.	100 k.	» 50
Soude artificielle.	100 k.	» 50
— de varech.	. . . .	Exempte.
Soufre brut épuré ou sublimé.	. . . .	Exempt.
Statues modernes en marbre ou en pierre.		
— en métal, de grandeur naturelle au moins.	. . . . . .	Exemptes.
Stil de grain.	. . . . . .	Exempt.
Storax.	100 k.	2 »
Styrac.	id.	2 »
Sucres non raffinés.	id.	20 80
— raffinés.	id.	28 85
Sucs végétaux desséchés.	id.	2 »
Sulfates d'alumine et de potasse.	id.	» 50
— de baryte, de magnésie et de soude.	id.	1 »
— de cuivre, de fer, double de fer et de cuivre, de manganèse, de zinc.	id.	2 »
Sulfure de mercure.	id.	1 »
Sumac moulu.	. . . . . .	Exempt.
Tabac (sauce de)	100 k.	2 »
Tabletterie (Mêmes droits que ceux indiqués au mot Mercerie.)		
Tarots.	le jeu.	» 40

Toiles cirées pour emballages, ameublements, tentures ou autres usages.	la valeur.	10	0/0
Truffes.	. . . . .	Exemptes.	
Vannerie fine.	100 k.	20	»
— grossière.	id.	5	»
— nattes.	id.	2	»
Vernis de toute sorte.	id.	10	»
Verrerie. Verre cassé.	. . . . .	Exempts.	
Bouteilles de toute forme.	100 k.	2	»
Verre à vitres.	id.	5	»
Objets en verre, unis ou moulés, non coloriés et non taillés.	id.	5	»
Objets en verre, taillés, gravés ou coloriés.	id.	7	»
Objets en cristal, unis ou moulés, non coloriés et non taillés.	id.	12	»
Objets en cristal, taillés, gravés ou coloriés.	id.	15	»
Viandes (extraits de).	. . . . .	Exempts.	
— fraîches.	. . . . .	id.	
Voitures pour voyageurs.	la pièce.	10, pl. 5 o/o de la v.	
— pour marchandises.	id.	5, pl. 5 o/o de la val.	
Volailles mortes et vivantes.	. . . . .	Exemptes.	
Wagons pour marchandises.	la pièce.	5, pl. 5 o/o ad valor.	
— pour voyageurs.	id.	10, pl. 5 o/o ad val.	
Zinc. Minerai; zinc de première fusion, en masses brutes, saumons, barres ou plaques et débris de vieux ouvrages.	. . . . .	Exempts.	
— laminé.	100 k.	4	»
Tuyaux et autres ouvrages grossiers.	id.	6	95
Ouvrages fins.	id.	8	»
Ouvrages dorés.	id.	57	75

TRAITÉ AVEC LA SUÈDE

EN VIGUEUR DEPUIS LE 15 AVRIL 1865.

Conclu pour douze ans.

DÉNOMINATION DES PRODUITS.	UNITÉS sur lesquelles portent les droits. (1)	DROITS applicables aux produits français importés sous pavillon suédois ou norvégien.
Acides citrique cristallisé, hydrochlorique, nitrique.	. . . . .	Exempts.
— sulfurique.	100 k.	1 63
Acier. Gros ouvrages non polis.	id.	33 »
— — polis.	id.	82 »
Menus objets :		
Agrafes, clous, dès à coudre.	id.	49 »
Epingles, aiguilles.	id.	82 »
Hameçons.	. . . . . .	Exempts.
Agate (ouvrages en) non montés.	. . . . .	id.
Albâtre (Ouvrages en)	. . . . .	id.
Allumettes.	100 k.	6 »
Antimoine cru et régule.	. . . . .	Exempts.
Architectoniques (Ouvrages)	. . . . .	id.
Argent. Fils métalliques et passementerie.	100 k.	325
Autres ouvrages en argent.	id.	975 »
Arsenic.	. . . . .	Exempt.
Baumes de copahu, du Pérou et autres, naturels.	. . . . .	Exempts.
Bezettes.	. . . . .	id.
Bijouterie de toute autre matière que d'or ou d'argent.	100 k.	114 »
Bimbeloterie.	id.	82 »
Blanc d'argent, dit de Krems.	id.	10 »
— de zinc.	id.	10 »
Bois (Ouvrages en). Ouvrages de pin ou de sapin, qu'ils soient ou non polis, peints ou vernissés.	id.	3 25
— d'orme, de frène, de bouleau. de hêtre, de chêne et d'autres espèces indigènes, qu'ils soient ou non polis, peints ou vernis, de même que les objets plaqués en bois de ces espèces.	id.	10 »

(1) Le traité n'indique pas si, pour les produits taxés spécifiquement, les droits seront perçus sur le poids brut ou sur le poids net.

Bois. Ouvrages d'acajou, de jacaranda et d'autres bois exotiques, massifs ou plaqués en bois de ces espèces, ainsi qu'ouvrages garnis de dorure fine ou fausse.	100 k.	16 »
— Meubles rembourrés.	Même régime que l'espèce de bois dont ils sont formés avec une augmentation de 20 o/o.	
— Ouvrages en bois, travaillés au tour, qu'ils soient ou non polis, peints ou vernis.	100 k.	82 »
— Sculptures en bois.	....	Exemptes.
Bonbons.	100 k.	65 »
Borax.	....	Exempt.
Bougies de cire, de spermacéti et de stéarine.	100 k.	16 »
Brosses montées en bois ou en fer non poli ou verni.	id.	16 »
— montées en bois poli ou verni.	id.	33 »
— montées en os, corne ou autres matières.	id.	65 »
Carrosserie. Chariots à une roue.	la pièce.	7 »
Chariots à deux roues, traîneaux, trilla et droschki.	id.	28 »
Chariots de toute autre sorte.	id.	140 »
Cartonnages non vernissés.	100 k.	49 »
— vernissés.	id.	82 »
Céruse.	id.	10 »
Champignons.	id.	52 »
Chanvre. Fils simples, non teints et écrus.	id.	33 »
— teints ou blanchis.	id.	65 »
— Fils à coudre, écrus.	id.	65 »
— blanchis ou teints.	id.	98 »
— Batiste, Cambrai, crêpe, linon, linge damassé et toile de toute espèce.	id.	244 »
— Tricots.	id.	163 »
— Vêtements confectionnés (Même régime que le tissu dont ils sont formés avec augmentation de 20 0/0.		
Chapeaux de tissu de soie et chapeaux montés pour femmes.	la pièce.	2 10
— de laine, de paille, de peluche ou de poil.	id.	» 55
Châtaignes.	....	Exemptes.
Chlorure de chaux.	100 k.	3 25
Cire à cacheter.	id.	65 »
Confitures.	id.	65 »
Conserves alimentaires en vases hermétiquement fermés.	id.	52 »
Corail (ouvrages non montés).	....	Exempts.
Corne. Boutons vernis ou non vernis en corne.	100 k.	65 »
Autres ouvrages en corne.	id.	163 »

Coton. Fils simples ou doubles, non teints.	100 k.	26	»
— — — teints de toute espèce.	id.	46	»
— Fils simples ou doubles, à coudre, de toute sorte.	id.	65	»
— Tissus écrus et non teints.	id.	82	»
— Tissus blanchis ou teints.	id.	130	»
Tissus imprimés ou gaufrés ; tissus mélangés de lin ou de chanvre ; ouvrages tricotés au métier ou à la main.	id.	163	»
— Gaze, linon, mousseline, dimity et batiste.	id.	244	»
— Tulle.	id.	406	»
— Vêtements confectionnés (même régime que le tissu dont ils sont formés avec augmentation de 20 0/0.)			
Coutellerie. Canifs.	id.	163	»
— Ciseaux non polis.	id.	33	»
— Ciseaux polis.	id.	82	»
— Couteaux de table avec manches en argent, plaqué, ébène ou ivoire.	id.	163	»
— Couteaux de table avec manches en autre matière.	id.	33	»
— Rasoirs avec ou sans étuis.	id.	82	»
Crayons de mine de plomb.	id.	49	»
— autres.	. . . . .	Exempts.	
Crin (ouvrages en) montés ou non, avec ou sans fermoirs.	100 k.	114	»
Cuir (ouvrages en) avec garniture argentée, dorée ou plaquée.	id.	82	»
— autres.	id.	65	»
Cuivre (ouvrages en) achevés, non polis.	id.	49	»
— achevés, polis.	id.	98	»
Dessins de broderie.	id.	26	»
Encre à écrire.	id.	16	»
— à imprimer.	id.	10	»
Estampes non encadrées.	id.	26	»
Etain (ouvrages en) non vernis et non peints.	id.	49	»
— vernis ou peints.	id.	98	»
Eventails.	id.	163	»
Fard.	. . . .	Exempt.	
Faïence. Faïence blanche, jaunâtre ou non peinte :			
Assiettes.	100 k.	10	»
Autres pièces.	id.	16	»
Faïence peinte ou imprimée :			
Assiettes.	id.	20	»
Autres pièces.	id.	26	»

Fer. Ouvrage fondus, grossiers.	100 k.	20 »
Ouvrages fondus, fins.	id.	33 »
Ouvrages forgés ou laminés.	la valeur.	10 0/0
Rails pour chemins de fer.	. . . .	Exempts.
Fer blanc. Ouvrages non vernissés.	100 k.	33 »
Ouvrages vernissés.	id.	49 »
Filets de toute sorte.		Même régime que le fil dont ils sont formés avec une augmentation de 10 0/0.
Fleurs artificielles entières.	100 k.	162 50
Parties de fleurs artificielles.	id.	65 »
Fleur de soufre.	. . . .	Exempte.
Fruits frais non dénommés.	. . . .	Exempts.
Gants en peau de toute sorte.	100 k.	325 »
Glaces taillées étamées.	id.	35 »
— sans tain.	id.	16 »
Gommes de toute sorte.	. . . . .	Exemptes.
Gravures non encadrées.	100 k.	26 »
Gutta-percha (Voir le mot Caoutchouc).		
Horlogerie. En bronze ou en autre métal, en albâtre ou en porcelaine.	id.	98 »
En bois.	id.	65 »
Montres à boîtes d'or et d'argent.	la pièce.	1 40
Chronomètres de mer.	id.	1 40
Carillons à musique.	100 k.	163 »
Huile d'olive en futailles.	id.	3 25
— en bouteilles et en bonbonnes.	id.	6 50
Instruments de chirurgie, de mathématiques, d'optiq. et de navigat., avec ou sans étuis.	id.	49 »
Instruments de musique. Clarinettes, flutes hautbois.	la pièce.	» 70
Clavecins, contre-basses, cors, guitares, harpes, luths, orgues portatives, tambours, timbales, violons et violoncelles.	id.	1 40
Orgues d'église.	la valeur.	5 0/0
Pianos carrés.	la pièce.	56 »
— à queue.	id.	84 »
Ivoire ouvré.	100 k.	163 »
Jus de citron.	. . . . . .	Exempt.
— de réglisse.	100 k.	16 »
Laine. Fils non teints.	id.	33 »
Fils teints.	id.	49 »
Tissus de laine pure ou mélangée d'autres matières, sauf la soie :		
Tissus à filtrer, *dits pressduck*.	id.	33 »
Couvertures et tapis.	id.	82 »
Bas en laine et tricots de toute espèce.	id.	163 »
Tissus autres que ceux dénommés ci-dessus.	id.	244 »
Vêtements confectionnés. (Même régime que le tissu dont ils sont formés avec augmentation de 20 pour 100).		

Lin (Voir le mot Chanvre).			
Liqueurs.	l'hectol. de liquide	107	»
Litharge.	. . . .	Exempte.	
Livres en langues étrangères.	. . . .	id.	
— reliés ne contenant que du papier blanc ou réglé (Même régime que le papier dont ils sont formés avec augmentation de 20 pour 100).			
Machines à vapeur.	. . . . . .	Exemptes.	
Machines (et parties de machines) pour les fabriques et les métiers pour l'agriculture, ainsi qu'à l'usage des chemins de fer.	. . . . .	id.	
Masques.	la pièce.	»	14
Métaux composés, coulés, forgés ou estampés, y compris les clinquants faux :			
dorés, argentés ou plaqués.	100 k.	98	»
d'autre espèce.	id.	49	»
Miroirs ordinaires et à flambeaux.	id.	33	»
Nacre de perle ouvrée, non montée.	id.	114	»
Noir d'imprimeur, en taille-douce.	id.	10	»
— d'os.	id.	2	44
Or. Or battu en feuilles, fin, musif ou poudres métalliques imitant l'or; fils métalliques et passementeries en or.	id.	325	»
Ouvrages en or.	id.	1625	»
Os ouvrés.	id.	49	»
Paille (ouvrages en).	id.	130	»
Papier brouillard, gris ou coloré, à imprimer et pour tentures.	id.	3	25
— D'enveloppe et maculatures.	id.	13	»
— Autres papiers que ceux indiqués ci-dessus.	id.	26	»
— Cartes de visite.	id.	26	»
— Enveloppes de lettres.	id.	33	»
— Ouvrages en papier mâché.	id.	82	»
Parapluies et parasols en soie ou demi-soie.	la pièce.	1	05
Autres.	id.	»	35
Peaux coupées pour gants.	100 k.	98	»
— préparées, blanches et chamoisées.	id.	33	»
— autres peaux que celles indiquées ci-dessus.	id.	65	»
— Cuir pour semelles.	id.	33	»
Phosphore.	id.	26	»
Pierres ouvrées non dénommées.	. . . .	Exemptes.	
Plâtre (ouvrages en).	. . . .	id.	
Plomb (ouvrages en) non peints et non vernissés.	100 k.	10	»
— peints et vernissés.	id.	49	»
Plumes de parure.	id.	975	»
Poix.	. . . .	Exempte.	

Pommades.	100 k.	49	»
Porcelaine blanche ou de couleur pure.	id.	33	»
— dorée ou ornée de figures ou de fleurs.	id.	65	»
Poterie de terre, glacée ou peinte, terra cota et terralithe.	id.	10	»
Racines de réglisse.	. . . .	Exemptes.	
Sauces.	100 k.	52	»
Savons non parfumés.	id.	16	»
— parfumés.	id.	39	»
Sels d'ammoniac, d'étain, de glauber, de saturne et de tartre.	. . . .	Exempts.	
Soies. Fils.	100 k.	130	»
Tissus de soie pure :			
Peluches.	id.	325	»
Rubans, passementerie, tissus à broder, étoffes d'or ou d'argent.	id.	488	»
Tissus de demi-soie :			
Passementerie.	id.	244	»
Peluches, feutres, rubans et autres tissus.	id.	325	»
Vêtements confectionnés (Même régime que le tissu dont ils sont formés avec augmentation de 20 pour 100)			
Soude caustique.	. . . . . .	Exempte.	
Soufre et fleur de soufre.	. . . . . .	Exempts.	
Succin (ouvrages en) non montés.	. . . . . .	id.	
Tartre brut ou raffiné.	. . . . . .	Exempt.	
Térébenthine.	. . . . . .	id.	
Tournesol en drapeaux et en pâte.	. . . . . .	id.	
Truffes.	100 k.	52	»
Vannerie.	id.	82	»
Verrerie. Verres à vitres de toute sorte.	id.	10	»
Verres à cadran.	id.	33	»
Verres d'optique, montés.	id.	49	»
Verres d'optique, non montés.	. . . . . .	Exempts.	
Carafes taillées et gaufrées.	100 k.	49	»
Grains pour lustres.	id.	16	»
Perles en verre, fausses.	id.	40	»
Vert de gris.	. . . . . .	Exempt.	
Vins de toute sorte (1) en cercles.	l'hectol. de liquide.	23	»
— — en bouteilles.	id.	29	»
Vitriol de toute couleur.	. . . . . .	Exempt.	
Zinc (ouvrages en) non peints et non vernis.	100 k. b.	10	»
— peints ou vernis.	id.	49	»
— argentés, dorés ou plaqués.	id.	98	»

(1) Ne sont pas réputés vins les liquides contenant une quantité d'alcool supérieure à 21 0/0.

TRAITÉ AVEC LA NORWÉGE

EN VIGUEUR DEPUIS LE 15 AVRIL 1865

Conclu pour douze ans.

DÉNOMINATION DES PRODUITS.	UNITÉS sur lesquelles portent les droits. (1)	DROITS applicables aux produits français importés sous pavillon français, suédois ou norwégien.
Acides citrique, muriatique, nitrique, sulfurique et tartrique.	....	Exempts.
Acier. Fils d'acier, même zingué ou bronzé (jusqu'à 1/8 de pouce d'épaisseur) et câbles en fil d'acier. (2)	100 k.	14 »
— Hameçons.	....	Exempts.
— Ciseaux polis.	100 k.	49 »
— Agrafes, aiguilles, épées, sabres.	id.	74 »
— Perles.	id.	163 »
Allumettes.	id.	5 »
Aluminium (Ouvrages en)	id.	992 »
Ambre jaune ouvré	....	Exempt.
Argent. Tréfilerie, fils, paillettes.	100 k.	325 »
— Autres ouvrages.	id.	992 »
Armes (épées, fusils, sabres).	id.	74 »
Bijouterie fausse avec ou sans mélange d'autres matières.	id.	112 »
Bois. Meubles d'acajou et de noyer.	id.	37 »
— Meubles de hêtre.	id.	19 »
— Meubles de pin et de sapin.	id.	9 »
— Meubles dorés, sans avoir égard au bois.	id.	19 »
— Meubles garnis de tenture de soie pure ou mélangée (10 p. 100 en sus du droit afférent à la matière principale).		
— Tabletterie.	id.	84 »

(1) Le traité n'indique pas si, pour les produits taxés spécifiquement, les droits devront être perçus sur le poids brut ou sur le poids net.

(2) Le pouce norwégien vaut 265 millimètres.

Borax.	. . . . . .	Exempt.
Bougies en cire, en parafine, en stéarine.	100 k.	19 »
Bronze (Poudre de).	id.	325 »
— Ouvrages en bronze. (Voir le mot Cuivre.)	id.	19 »
Brosserie en bois, non poli ou peint.	id.	33 »
— en bois poli ou laqué.	id.	19 »
— en os ou en autres matières.	id.	65 »
Caoutchouc. Feuilles, semelles, cordons, courroies.	id.	28 »
— Autres ouvrages.	id.	130 »
Carmin.	id.	28 »
Carton ouvré.	id.	84 »
Céruse.	id.	9 »
Champignons.	id.	52 »
Chanvre. Fils non teints.	id.	28 »
— Fils teints non tors.	id.	65 »
— Fils teints, tors.	id.	93 »
— Rubans et tissus avec caoutchouc ou gutta-percha; ceintures de même sorte; ouvrages de tricot.	id.	163 »
— Blondes et bobinets.	id.	409 »
— Autres tissus : clairs.	id.	246 »
— Autres tissus : serrés, imprimés.	id.	186 »
Chapeaux et casquettes, cirés ou non cirés, en feutre, en crin et en paille.	la pièce.	» 56
Chapeaux de femme, en soie ou en étoffes de soie, mélangées d'autres matières ; garnis de fleurs, plumes ou autres ornements, à l'exception de rubans.	id.	2 08
Châtaignes.	. . . . . .	Exemptes
Cheveux ouvrés.	100 k.	163 »
Cinabre rouge.	id.	28 »
Cire.	id.	19 »
Cire à cacheter.	id.	65 »
Comestibles en boites soudées.	id.	84 »
Confiseries.	id.	65 »
Corail ouvré.	. . . . . .	Exempt.
Cordes en boyau et en soie.	100 k.	163 »
Corne ouvrée.	id.	65 »
Corne de cerf brûlée.	id.	2 »
Coton. Fils non teints et non tors.	id.	26 »
— Fils tors, mais non teints.	id.	46 »
— Fils teints.	id.	46 »
— Rubans de coton pur, ainsi que rubans et tissus avec caoutchouc ou gutta-percha; ceintures de même sorte; ouvrages de tricot teints ou non.	id.	163 »
— Blondes, bobinets, dentelles et tulles.	id.	409 »
Autres tissus : Clairs.	id.	246 »
— Serrés, imprimés.	id.	186 »
— Serrés, de plusieurs coul. non imprim.	id.	130 »

Coutellerie. Ciseaux polis en fer et en acier.	100 k.	49	»
— Couteaux de table, à manches d'argent.	id.	112	»
idem autres.	id.	49	»
Craie à dessiner.	. . . .	Exempte.	
Crayons.	100 k.	49	»
Crême de tartre.	. . . . . .	Exempte.	
Crin (Ouvrages en crin autres que les chapeaux et les casquettes spécialement tarifés).	100 k.	112	»
Cristaux de ta r tre.	. . . . .	Exempts.	
Cuir. Cuirs préparés en jaune ou en noir; maroquin et cordouan.	100 k.	65	»
— Cuirs tannés , y compris les cuirs à semelles.	id.	33	»
— Ouvrages en maroquin et cordouan.	id.	200	»
— Ouvrages en autres sortes de peaux.	id.	130	»
— Selles et harnais.	id.	84	»
— Portefeuilles, carnets, étuis à cigares, porte-monnaie.	id.	112	»
Cuivre. Feuilles plaquées ou argentées.	id.	98	»
— Boutons.	id.	112	»
— Tissus métalliques et autres ouvrages en fil, grelots, garnitures de porte, robinets, bougeoirs, dés à coudre, clefs de montre.	id.	49	»
— Autres ouvrages dorés, argentés, plaqués.	id.	98	»
— polis, bronzés, vernis.	id.	49	»
Dents ouvrées d'éléphant et de morse.	id.	163	»
— autres.	id.	40	»
Eaux minérales.	. . . .	Exemptes.	
Estampes.	100 k.	26	»
Etain. Tuyaux.	. . . .	Exempts.	
— Feuilles.	100 k.	49	»
— Autres ouvrages dorés, argentés ou plaqués.	id.	98	»
— — non dorés, argentés ou plaqués,	id.	49	»
Faïence. Faïence dorée ou argentée.	id.	33	»
— autres.	id.	19	»
Fard.	id.	28	»
Fer. Fils de fer, même zingué ou bronzé, ayant jusqu'à 1[8 de pouce d'épaisseur et câbles.	id.	14	»
— Ouvrages en fer forgé ou laminé, en plaques de moins de 1/8 de pouce d'épaisseur :			
laqués, émaillés ou vernis.	id.	49	»
en plaques étamées ou zinguées, peints ou non.	id.	33	»
— Autres ouvrages, polis.	id.	49	»
— Autres ouvrages dorés, argentés ou plaqués.	id.	98	»

Filets pour la pêche. (Mêmes droits que la matière dont ils sont formés avec une augmentation de 10 p. 100).		
Fleurs artificielles en gaze ou en autres matières.	100 k.	502 »
Flûtes.	la pièce.	» 70
Fruits frais (pommes, poires et raisins).	. . . .	Exempts.
Gants en peau.	100 k.	325 »
Gâteaux.	id.	65 »
Guitares.	la pièce.	1 39
Gutta percha. (Voir le mot caoutchouc.)		
Habillements confectionnés, non spécialement tarifés.	Le droit du tissu principal, augmenté de 10 p. 100.	
Hameçons en métaux divers.	. . . . . .	Exempts.
Horlogerie. Chronomètres de poche.	la pièce.	1 39
—Montres en or, en argent ou en autres métaux.	la pièce.	1 39
—Pendules en caisse, en métal ou en porcelaine.	id.	11 12
— Pendules en caisse, en autres matières.	id.	6 95
— Mouvements de pendules, sans caisses.	100 k.	325 »
Huile d'olive.	id.	9 »
Ivoire brûlé.	id.	2 »
Jouets composés d'une seule matière.	Droit de la matière dont ils sont composés.	
— tournés en bois (*traités comme meubles*).	Mêmes droits que les meubles suivant la nature du bois.	
— autres que ceux indiqués ci-dessus.	100 k.	84 »
Jus de réglisse.	id.	14 »
Laine. Fils non teints.	id.	37 »
—Fils teints.	id.	46 »
—Tapis de pied ; couvertures de lit.	id.	84 »
— Tricots.	id.	163 »
—Rubans et tissus avec caontchouc ou gutta-percha ; ceintures de même sorte.	id.	163 »
— Blondes et bobinets.	id.	409 »
— Autres tissus clairs.	id.	246 »
Laiton. (Voir le mot Cuivre.)		
Lin. (Voir le mot Chanvre.)		
Livres en langue étrangère.	. . . . . .	Exempts.
Locomotives.	. . . . . .	id.
Longues-vues.	100 k.	49 »
Lunettes montées en métal étamé.	id.	49 »
— en autres matières.	id.	140 »
Machines à vapeur, pour bâteaux.	. . . . . .	Exemptes.
— à vapeur, autres que pour bâteaux.	la valeur	5 0/0
— propres à l'agriculture, à l'industrie et à la marine.	id.	id.
Minium de plomb et de fer.	100 k.	9 »
Miroirs.	id.	33 »

Nacre de perle ouvrée.	100 k.	112 »
Noir d'imprimeur.	id.	9 »
Noir d'os.	id.	2 »
Objets de toilette, confectionnés, non spécialement tarifés.	Le droit du tissu principal augmenté de 10 p. 100.	
Ombrelles recouvertes en soie ou en tissus mélangés de soie.	la pièce.	1 05
— recouvertes en autres tissus.	id.	» 35
Or (Ouvrages en), tréfilerie, fils, paillettes.	100 k.	325 · »
Autres ouvrages.	id.	992 »
Os ouvrés d'éléphant et de morse.	id.	163 »
— autres.	id.	49 »
Oxyde de zinc.	id.	49 »
Paille (Ouvrages en) autres que ceux dénommés.	id.	130 »
Papiers d'imprimerie.	id.	9 »
— à écrire.	id.	26 »
— coloriés (y compris les papiers pour tenture).	id.	26 »
— Estampes, modèles de broderie, cartes de visite, enveloppes de lettres.	id.	26 »
— Papiers autres que ceux indiqués ci-dessus et papier mâché.	id.	84 »
Parapluies. (Mêmes droits que ceux indiqués au mot Ombrelles.)		
Pianos carrés	la pièce.	56 »
— à queue.	id.	84 »
Pierres et ouvrages en pierre.	. . . . . .	Exempts.
Pistolets.	100 k.	74 »
Platine (Ouvrages en).	id.	992 »
Plumes de métal.	id.	84 »
— de parure.	id.	502 »
Poix blanche, brune et jaune.	. . . . .	Exempte.
Pommade.	100 k.	49 »
Porcelaine blanche.	id.	33 »
— autre.	id.	66 »
Potasse.	. . . . . .	Exempte.
Résine commune.	. . . . . .	id.
Salpêtre ordinaire.	. . . . . .	id.
Sauces.	l'hectolitre.	58 »
Savons parfumés.	100 k.	40 »
Sels d'ammoniac, d'étain, de Glauber.	. . . . .	Exempt.
Soufre et fleur de soufre.	. . . . .	id.
Sucreries.	100 k.	65 »
Tartre brut ou raffiné, y compris les cristaux et la crême de tartre.	. . . . . .	Exempt.
Térébenthine.	. . . . . .	Exempte.
Vannerie d'un poids supérieur à 498 grammes par objet.	100 k.	163 »

Verrerie. Verre en feuilles non étamées, taillées ; verre en feuilles coloriées, dorées, vernies, gravées, dépolies, revêtues de dessins.	100 k.	19	»
—Verre en feuilles étamées.	id.	33	»
—Verre en feuilles autres que celles décrites ci-dessus.	id.	9	»
—Articles de verrerie coloriés ; perles de verre.	id.	49	»
—Verres d'optique, non mutéos.	. . . . . .	Exempts.	
Vert-de-gris.	. . . . . .	id.	
Vins (1) en cercles.	l'hectolitre	23	»
— en bouteilles.	id.	29	»
Violons et violoncelles.	la pièce.	1	39
Vitriol blanc, bleu et vert.	. . . . . .	Exempt.	
Voitures pour enfants.	la pièce.	4	17
— de travail.	. . . . . .	Exemptes.	
— non garnies, destinées au transport des personnes.	la pièce.	27	80
— garnies, à 4 roues (entièrement ou à demi-couvertes).	id.	139	»
— garnies, à 2 roues.	id.	27	80
— autres.	id.	55	60
Wagons pour chemins de fer.	. . . . . .	Exempts.	
Zinc. Ouvrages dorés, argentés ou plaqués.	100 k.	98	»
—Ouvrages bronzés, vernis, laqués.	id.	49	»

---

(3) Ne sont pas réputés vins, les liquides contenant une quantité d'alcool supérieure à 21 p. 100.

TRAITÉ AVEC LE ZOLLVEREIN

EN VIGUEUR DEPUIS LE 1er JUILLET 1865.

Conclu pour douze ans.

DÉNOMINATION DES PRODUITS.	UNITÉS sur lesquelles portent les droits. (1)	DROITS applicables aux produits français importés sous pavillon français ou sous pavillon des Etats du Zollverein.
Acétates de fer liquide (y compris la fleur de fer.)	. . . . . .	Exempts.
— de plomb.	100 k.	7 50
Acides arsénieux, benzoïque, borique et citrique.	. . . . .	Exempts.
— hydrochlorique.	100 k.	» 62
— nitrique.	. . . . . .	Exempt.
— oléique.	100 k.	3 75
— oxalique.	id.	10 »
— stéarique.	id.	7 50
— sulfurique et tartrique.	. . . .	Exempts.
Acier en plaques brutes et en tôle brute.	100 k.	8 75
— brut et cémenté; fondu et affiné.	id.	6 25
— filé; en plaque polies et en tôle polie.	id.	13 13
—Ouvrages communs en fer et en acier; en fil d'acier et de fer; en fer forgé ou coulé; en tôle, en combinaison ou non avec du bois, mais non polis.	id.	10 »
—Autres ouvrages et tous ceux complétement tournés ou limés, vernis, cuivrés ou étamés.	id.	20 »
—Ouvrages fins en fonte fine, en fer poli ou acier poli, tels qu'articles en fonte fine, ouvrages en fer, vernis, coutellerie, ouvrages de fourbisseur, objets de parure à l'exception des articles suivants :	id.	30 »
Aiguilles, plumes à écrire en acier ou autres métaux communs; fournitures d'horlogerie; armes à feu de toute sorte.	id.	75 »

(1) Le traité n'indique pas si, pour les produits taxés spécifiquement, les droits devront être perçus sur le poids brut ou sur le poids net.

Agates ouvrées.	100 k.	60 »
Albâtre (ouvrage en) de toute sorte, à l'exception des statues et sans combinaison avec d'autres matières.	id.	1 25
Albumine.	. . . . . .	Exempte.
Allumettes chimiques en bo.	. . . . .	Exemptes.
Aluminate de soude.	100 k.	5 »
Aluminium en barres.	. . . . . .	Exempt.
— autre.	100 k.	3 75
Alun.	id.	5 »
Amadou préparé.	. . . . . .	Exempt.
Amidon.	100 k.	15 »
Ancres pour la marine.	id.	8 75
Antimoine brut.	. . . . . .	Exempt.
— (Régule d').	. . . . . .	id.
Arac (eau-de-vie) en cercles ou en bouteilles.	100 k.	45 »
Ardoises pour toitures.	. . . . . .	Exemptes.
— en tables polies.	. . . . . .	id.
Argent faux en feuilles et ouvrages en argent faux.	100 k.	112 50
— fin en feuilles et ouvrages en argent fin.	id.	375 »
Armes à feu de toute sorte.	id.	75 »
Arsenic métallique.	. . . . . .	Exempt.
Asphalte.	. . . . . .	id.
Balais de ramilles.	. . . . . .	id.
Baleine. Blanc de baleine.	100 k.	3 75
— Fanons de baleine, bruts.	. . . . . .	Exempts.
Bâtiments de mer (1) en bois.	la valeur	5 0/0
— en fer.	id.	8 0/0
Betteraves.	. . . . . .	Exemptes.
Beurre frais ou salé.	100 k.	10 »
Bicarbonate de soude.	id.	5 »
Bière en fûts ou en bouteilles (droits de consommation compris).	id.	5 »
Bismuth.	. . . . .	Exempt.
Bitumes.	. . . . . .	Exempts.
Blanc de baleine.	100 k.	3 75
Bleu de Prusse.	. . . . .	Exempt.
Bois à brûler.	. . . . .	Exempts.
— de construction et d'usage de toute sorte.	. . . . .	id.
— de teinture, moulus.	. . . . .	id.
— sciés en feuilles pour placage.	100 k.	3 75
Ouvrages en bois, communs, bruts et non teints, de tonnelier, de menuisier, de tourneur et de charron simplement ra-		

(1) Les droits indiqués ci-contre ne comprennent pas ceux dont seraient passibles les ancres, les chaînes-cables et autres chaînes, ainsi que tous les objets ne faisant pas partie des apparaux ou articles d'armement ordinaire des navires, ni ceux applicables aux machines à vapeur installées dans les navires.

botés; articles de tonnellerie, communs, cerclés en fer, mais ayant déjà servi.	....	Exempts.
Bois. Ustensiles de ménage (meubles) et autres ouvrages de menuisier, tourneur et tonnelier, teints, passés au mordant, vernis, polis ou en combinaison partielle avec du fer, du laiton, du cuir tanné, ainsi que les articles de tonnellerie neufs, cerclés en fer.	100 k.	7 50
— Meubles rembourrés, même recouverts d'étoffe.	id.	25 »
— Articles en bois, fins (marqueterie); articles dits *de Nuremberg* de toute sorte, bimbeloterie et tabletterie, autre que d'écaille, tous ouvrages fins de tourneur, de sculpteur et de peignier; tous ces ouvrages en combinaison avec d'autres matières (mais à l'exception de métaux précieux, de métaux dorés ou argentés, de l'écaille, des perles fines, des coraux ou pierres précieuses); articles en bois bronzé; horloges en bois; feuilles de placage avec marqueterie; crayons de toute sorte.	id.	30 »
Bonbons.	id.	52 50
Borax brut.	....	Exempt.
Bouchons de liége.	100 k.	3 75
Bougies de stéarine ou de suif.	id.	11 25
— de blanc de baleine ou de cire.	id.	15 »
Boutons sur moules de bois, d'os, de corne, de cuir, de métal.	id.	112 50
— en verre.	id.	30 »
Briquettes de houille.	id.	» 12
Brome	....	Exempt.
Bronze. Cylindres pour impression, non gravés.	100 k.	3 75
— Cylindres pour impression, gravés.	id.	15 »
— Toiles métalliques.	id.	22 50
— Ouvrages de chaudronnier et de fondeur en cuivre.	id.	20 »
— Ouvrages autres que ceux indiqués ci-dessus.	id.	30 »
Brosserie commune, unie au bois ou au fer, mais non polie, ni vernie.	id.	15 »
— fine, unie à d'autres matières à l'exclusion des métaux précieux, métaux dorés ou argentés, perles fines, coraux ou pierres précieuses.	id.	30 »

Cadmium brut.	. . . .	Exempt.
Caoutchouc brut sous la forme de souliers, bouteilles, etc.	. . . .	id.
— en fils sans mélange avec d'autres matières.	100 k.	22 50
Tissus de toute sorte enduits de caoutchouc ou de gutta-percha.	id.	112 50
— composés de fils de caoutchouc et d'autres matières textiles; vêtements confectionnés.	id.	187 50
Carbonates de magnésie.	id.	15 »
— de plomb (céruse.)	id.	7 50
— de soude, à tous les degrés.	id.	5 »
Carmins de toute sorte.	. . . .	Exempts.
Cartons de simple moulage et lustrés.	100 k.	3 75
— préparés pour peinture.	id.	10 »
Ouvrages en papier ou en carton, non combiné avec d'autres matières.	id.	10 »
Cendres bleues ou vertes (couleurs).	. . . .	Exemptes.
— végétales, vives ou lessivés.	. . . .	id.
Chanvre et lin en tiges ou bottes, bruts ou rouis.	. . . .	id.
— peignés ou teillés.	100 k.	1 25
— Fils simples, écrus, filés à la main.	. . . . . .	Exempts.
— — à la mécanique.	100 k.	15 »
— blanchis, simplement débouillis (ou lessivés) et teints.	id.	22 50
— retors de toute espèce, écrus, blanchis ou teints.	id.	30 »
— Toile d'emballage grise et toile à voiles.	id.	5 »
— Toiles, coutils et treillis écrus.	id.	30 »
— Toiles blanchies teintes, imprimées ou apprêtées de toute autre manière; toiles tissées avec des fils blanchis; coutils et treillis blanchis ou autrement apprêtés; linge de table, de lit et essuie-mains écrus, blanchis et confectionnés; blouses de toile et linge de corps neuf; batistes et linons.	id.	75 »
— Dentelles de fil de lin.	id.	300 »
— Rubans, bordures, franges, gazes, toile de Cambrai, tulle en bandes, façonné et tissé, lacets, bonneterie, métaux filés sur lin et passementerie en métal et lin.	id.	150 »
Chapeaux pour hommes. Chapeaux de feutre, de laine ou de poil (non montés, montés ou garnis).	id.	112 50
— de soie (non montés, montés ou garnis).	id.	225 »

Chapeaux de paille, jonc, tresses de bois, écorces, palmier (sans garniture).	la pièce.	»	25
Châtaignes.	100 k.	3	75
Chaudières.	id.	11	25
Chaux.	. . . . . .	Exempte.	
Cheveux (Ouvrages en).	100 k.	112	50
Chèvres.	. . . . . .	Exemptes.	
Chicorée brûlée ou moulue.	100 k.	5	»
Racines de chicorée fraîches.	. . . . . .	Exemptes.	
Racines de chicorée sèches.	100 k.	3	75
Chlorate de potasse.	id.	25	»
Chlorures d'aluminium.	id.	5	»
— de chaux.	id.	3	75
— de magnesium.	id.	15	»
— de potassium.	. . . . . .	Exempt.	
Chromates de plomb.	100 k.	11	25
— de potasse.	id.	7	50
Cirage.	id.	3	75
Cire (Ouvrages en).	id.	112	50
Cire à cacheter.	id.	25	»
Citrate de chaux.	. . . . . .	Exempt.	
Coke.	100 k.	»	12
Colle-forte.	id.	3	75
Colle de poisson.	id.	3	75
Composés du cobalt.	. . . . . .	Exempts.	
Confitures.	100 k.	52	50
Coquillages non écaillés, frais.	. . . . . .	Exempts.	
Corail brut non monté.	100 k.	3	75
— (Ouvrages en).	id.	375	»
Cordages et cordes.	id.	3	75
Cornes de bétail.	. . . . . .	Exemptes.	
Coton en laine brut.	. . . . . .	Exempt.	
—Ouate.	100 k.	11	25
--Fils de coton, purs ou mélangés avec de la laine ou du lin :			
A 1 ou 2 bouts, écrus.	id.	15	»
A 1 ou 2 bouts, blanchis ou teints.	id.	30	»
A 3 bouts ou plus, écrus, blanchis ou teints.	id.	45	»
—Tissus de coton, purs ou mêlés avec des fils de lin ou de métal, à l'exclusion de tout mélange de soie, de laine ou de poil de chèvre :			
A. Tous les tissus épais, non transparents, écrus.	id.	75	»
B. Tous les tissus épais, non transparents, ne rentrant pas dans les rubriques A, C ; tous les tissus légers, transparents, à l'état écru, bonneterie, passementerie et boutonnerie.	id.	120	»

C. Tous les tissus légers, transparents, tels que jaconas, mousseline, tulle, marly, gaze, en tant qu'ils ne rentrent pas dans la rubrique B ; dentelles, broderies et articles de mode.	100 k.	200	»
Couleurs non dénommées.	id.	3	75
Coutellerie commune.	id.	20	»
— fine.	id.	30	»
Crayons de toute sorte.	id.	30	»
Creusets (poterie grossière).	. . . . . .	Exempts.	
Cuir à cardes artificiel, importé sur autorisation spéciale et sous contrôle pour fabriques de cardes à carder.	100 k.	22	50
— Cuirs tannés ou simplement rougis, cuirs à la jusée, cuir de semelles, cuir de veau, cuirs de sellier, tiges de bottes, cuir de Russie, peaux chamoisées et mégissées.	id.	15	»
— Peaux de Bruxelles et de Danemark apprêtées, pour la ganterie; cordouan, maroquin et toutes espèces de peaux teintes et vernies.	id.	50	»
— Ouvrages communs de cordonnier, de sellier et de malletier.	id.	30	»
— Ouvrages en cuir, fins, en cordouan, en maroquin citron et autre maroquin, en peau de Bruxelles et de Danemark, en peau chamoisée ou mégie, en cuir verni et en parchemin ; selles, brides et harnais garnis de boucles et d'anneaux, en tout ou en partie de métaux précieux et d'alliages de métaux fins ; souliers fins de toute espèce.	id.	75	»
— Gants en peau.	id.	100	»
Cuivre brut ou non, cuivre de rosette, laiton brut (de première fusion) ; débris de vieux ouvrages de cuivre et de laiton ; limailles de cuivre et de laiton ; métal de cloches ; minerai de cuivre.	. . . .	Exempts.	
— Cuivre et laiton forgé ou laminé en barres ou feuilles ; fil de cuivre et de laiton.	100 k.	13	12
— Feuilles et fils de cuivre ou de laiton plaqués.	id.	30	»
— Cylindres à impression non gravés.	id.	3	75
— Cylindres à impression gravés.	id.	15	»
— Toiles métalliques.	id.	22	50
— Ouvrages de chaudronnier et de fondeur en cuivre.	id.	20	»
— Autres ouvrages.	id.	30	»
Curcuma en poudre.	. . . .	Exempt.	

Déchets de cuir exclusivement propres à la fabrication de la colle-forte.	. . . . . .	Exempts.
Dégras de peaux (déchets de corroierie et graisses de cadavres d'animaux).	100 k.	3 75
Dents de loup.	. . . . . .	Exemptes.
Eaux minérales, même factices, cruchons compris.	. . . . . .	id.
— de-vie de toute espèce en cercles ou en bouteilles.	100 k.	45 »
Ecorces à tan, même moulues.	. . . . . .	Exemptes.
Ecume de mer (Ouvrages en).	100 k.	30 »
Emaux.	id.	3 75
Encres à écrire ou à dessiner.	id.	25 »
— d'imprimerie.	id.	3 75
Epices préparées.	id.	52 50
Eponges de toute sorte.	id.	3 75
Essence de houille et ses dérivés.	. . . . . .	Exempts.
Etain, même allié d'antimoine. Minerai d'étain, débris de vieux ouvrages.	. . . . . .	id.
Etain en masses, blocs, barres; limailles.	. . . . . .	id.
Etain laminé.	100 k.	3 75
—Ouvrages communs, tels que tuyaux, plats, écuelles, assiettes, chaudrons et autres vases.	id.	7 50
— Ouvrages fins, même vernis.	id.	30 »
Extraits de bois de teinture, de toute sorte.	id.	3 75
Faïences unicolores ou blanches.	id.	12 50
— peintes, imprimées, dorées ou argentées.	id.	15 »
Fanons de baleine bruts.	. . . . . .	Exempts.
Fer. Minerai.	. . . . . .	Exempt.
— Mâchefer, limailles et scories de forge.	. . . . . .	Exempts.
— Ferraille, débris de vieux ouvrages en fer.	100 k.	1 87
— Fer en loupes retenant encore des scories, en massiaux ou prismes.	id.	4 37
—Fer forgé et laminé en barres (mais non façonné); rails.	id.	6 25
—Fer façonné en barres; fer grossièrement travaillé à la forge pour servir à des parties de machines ou de voitures (manivelles, essieux, etc.) du poids de 50 kilog. et plus; fer pour socs de charrues; plaques de fer brut (non polies); ancres, chaînes d'ancre et de navires.	id.	8 75
Fer Ouvrages en). — V. le mot Acier.		
Fer-blanc. Tubes en fer platiné, laminé et étamé pour conduits d'eau et de gaz.	id.	18 75
Filets de pêche fabriqués avec des fils non blanchis.	id.	3 75
Fleurs artificielles.	id.	225 »

Fonte brute, de toute espèce.	100 k.	1	87
— Ouvrages très-communs.	id.	3	»
— Ouvrages communs, non polis.	id.	10	»
— Ouvrages fins, en fonte affinée.	id.	30	»
Fromages.	id.	12	50
Fruits confits.	id.	52	50
— oléagineux; secs ou tapés.	. . . . . .	Exempts.	
Gants en peau.	100 k.	100	»
Garancine.	. . . . . .	Exempte.	
Gâteaux.	100 k.	52	50
Glaces brutes, non polies.	id.	3	75
— polies, étamées ou non.	id.	30	»
Glauber (Sel de) cristallisé ou non.	id.	1	25
Goudron.	. . . . . .	Exempt.	
Grains de toute espèce.	. . . . . .	Exempts.	
Graines à ensemencer; graines de jardin; graines de trèfle; graines forestales.	. . . . . .	Exemptes.	
Graines oléagineuses.	100 k.	»	31
Graisses animales, fondues ou non.	. . . .	Exemptes.	
Graphite.	. . . .	id.	
Groisil.	. . . .	id.	
Gruaux.	. . . .	id.	
Gutta-percha (voir le mot Caoutchouc).			
Homards frais.	100 k.	15	»
Horlogerie. Horloges de monuments publics et d'église.	id.	20	»
— Horloges en bois.	id.	30	»
— — autres qu'en bois.	id.	112	50
— Fourniture d'horlogerie.	id.	75	»
— Montres de poche en or ou en argent.	id.	375	»
Houblon.	id.	18	75
Houilles.	id.	»	12
Huiles de toute sorte, en bouteilles.	id.	6	25
— d'olive en cercles.	id.	6	25
— d'olive en cercles, dénaturées suivant les prescriptions de la douane.	. . . .	Exemptes.	
— autres, en cercles.	100 k.	3	75
Huîtres fraîches.	id.	15	»
Instruments de chirurgie, d'optique, de mathématiques, de physique et de chimie (pour laboratoires).	. . . .	Exempts.	
Instruments de musique.	100 k.	29	68
Iode.	. . . .	Exempt.	
Iodure de potassium.	. . . .	id.	
Joncs bruts.	. . . .	id.	
Jus de fruits, de baies et de racines potagères pour la table, mais cuits sans sucre.	. . . .	id.	
— de réglisse.	100 k.	15	»

Jute écru, peigné ou teillé.	. . . .	Exempt.
— Fils simples, écrus.	100 k.	3 75
— Fils simples, blanchis ou teints.	100 k.	22 50
— Fils retors de toute espèce.	id.	30 »
Kermès en grains ou en poudre.	. . . . . .	Exempt.
— minéral.	100 k.	3 75
Laine en masse.	. . . .	Exempte.
— Fils de laine ou de poils de chèvre, purs ou mélangés avec de la soie :		
Simples, non teints ou teints et retors à 2 bouts, non teints.	100 k.	3 75
Retors à 2 bouts, teints et retors à 3 bouts ou plus, teints ou non teints.	id.	30 »
— Tissus de laine ou de poils de chèvre, purs ou mélangés avec d'autres filaments, à l'exclusion de la soie :		
Lisières en drap.	. . . . . .	Exemptes.
Tapis de pied ; bonneterie ; draps et tous autres tissus foulés ou feutrés, non imprimés.	100 k.	75 »
Tissus non foulés, non imprimés ; passementerie et boutonnerie.	id.	150 »
Tissus imprimés de toute sorte.	id.	187 50
Broderies à la main et articles de modes.	id.	225 »
Lait.	. . . . . .	Exempt.
Laiton (voir le mot Cuivre).		
Lames de sabre et d'épée.	100 k.	20 »
Laque en teinture ou en trochisques.	. . . . . .	Exempte.
Légumes confits au sucre, au vinaigre, à l'huiles ou autrement.	100 k.	52 50
— étuvés, salés, en bouteilles, boîtes ou vases similaires, ainsi que ceux renfermés dans des boîtes en fer blanc hermétiquement closes.	id.	52 50
— simplement salés en tous autres contenants, ainsi que tous les légumes simplement séchés ou comprimés.	. . . .	Exempt
Liége brut et rapé.	. . . .	id.
— en planches.	100 k.	3 75
Lies de vin, brûlées.	id.	1 25
Locomotives.	id.	11 25
Machines (autres que les chaudières et les locomotives spécialement tarifées) suivant que la matière dominante en poids est en bois.	id.	3 75
— en fonte.	id.	3 75
— en fer forgé ou en acier.	id.	6 25
— en autres métaux communs.	id.	10 »

Désignation des marchandises	Unité	Droits
Marbre. Ouvrages en marbre de toute sorte, à l'exception des statues, et sans combinaison avec d'autres matières.	100 k.	1 25
— Statues en marbre.	. . . . .	Exemptes.
Marrons.	100 k.	3 75
Matériaux. Ardoises pour toiture; chaux; plâtre; carreaux de terre cuite.	. . . . .	Exempts.
Maurelle.	. . . . .	id.
Mercerie fine.	100 k.	112 50
Mercure.	. . . . .	Exempt.
Métaux filés sur lin.	100 k.	150 »
— sur soie.	id.	300 »
Meules, même cerclées en fer.	. . . . .	Exemptes.
Miel.	100 k.	2 50
Modes (Articles de).	id.	225 »
Morceaux de cuir usés.	. . . . .	Exempts.
Moules.	. . . . .	Exemptes.
Nattes d'écorce, de paille et de jonc, communes, teintes.	100 k.	7 50
Nickel, même allié d'autres métaux communs. Nickel en barres ou blocs bruts.	. . . . .	Exempt.
Nickel forgé ou laminé.	100 k.	13 12
Ouvrages en nickel allié de cuivre ou de zinc (argentan).	id.	30 »
Nitrates de potasse.	. . . . .	Exempts.
— de soude.	. . . . .	id.
Noir d'os.	. . . . .	Exempt.
Or faux battu en feuilles et ouvrages en or faux.	100 k.	112 50
Or fin battu en feuilles et ouvrages en or fin.	id.	375 »
Oreillons (débris de peaux.)	. . . . .	Exempts.
Orseilles, même celles en pâte.	100 k.	11 25
Os de bétail et os calcinés blancs.	. . . . .	Exempts.
Outremer.	100 k.	15 »
Oxalate de potasse.	id.	10 »
Oxydes de cuivre, d'étain et de fer.	. . . . .	Exempts.
— de plomb (litharge et minium).	100 k.	1 87
— d'urane.	. . . . .	Exempt.
— de zinc (blanc de zinc).	100 k.	7 50
— de zinc gris.	. . . . .	Exempt.
— de métaux non dénommés.	. . . . .	id.
Papiers brouillard et à emballage.	100 k.	3 75
— non collé ordinaire (gris et mi-blanc) à imprimer, blanc ou de couleur.	id.	7 50
— Autres papiers.	id.	10 »
— Papiers de tenture.	id.	10 »
— Ouvrages en papier ou carton, non combiné avec d'autres matières.	id.	10 »

Parfumeries (1).	100 kil.	25 »
Peaux de Bruxelles et de Danemark, apprêtées pour la ganterie, cordouan, maroquin et toutes espèces de peaux teintes et vernies.	id.	50 »
— de chiens de mer et de phoques, brutes, fraîches ou sèches.	. . . . .	Exemptes.
— Ouvrages en peau (voir ouvrages en cuir).		
Persio.	100 k.	11 25
Phosphates naturels.	. . . . .	Exempts.
Phosphores blanc et rouge.	100 k.	25 »
Pièces détachées de machines. Plaques et rubans de cardes.	id.	45 »
— Dents de rots, rots, ferrures ou peignes à tisser à dents de fer ou de cuivre.	id.	20 »
— Cuir à cardes artificiel, importé sur autorisation spéciale et sous contrôle, pour fabriques de cardes à carder.	id.	22 50
Pierres à aiguiser, de toute sorte.	. . . . .	Exemptes.
— à bâtir, taillées.	. . . . .	id.
— gemmes de toute sorte, non montées.	100 k.	3 75
— de même espèce que les agates.	id.	60 »
Plantes alcalines et médicinales fraîches.	. . . . .	Exemptes.
— sèches.	100 k.	3 75
Plâtre.	. . . . .	Exempt.
Plomb. Minerai de plomb; plomb brut en masses.	. . . . .	Exempts.
— Débris de vieux ouvrages; limailles.	. . . . .	id.
— laminé et en feuilles roulées.	100 k.	3 75
— Ouvrages communs (tels que plombs de chasse, tuyaux).	id.	7 50
— Ouvrages fins, même vernis.	id.	30 »
Plumes à écrire (d'oiseau) brutes ou apprêtées.	. . . . .	Exemptes.
— en acier, ou en autres métaux communs.	100 k.	75 »
— à lit.	id.	3 75
— de parure non apprêtées.	. . . . .	Exemptes.
— de parures apprêtées.	100 k.	225 »
Poils bruts, débouillis, assortis, peignés, blanchis, teints ou frisés.	. . . . .	Exempts.
— Fils de poils de chèvre purs ou mélangés de soie.	Même droits que les fils de laine.	
— Tissus de poils de chèvre, purs, ou mélangés d'autres filaments, à l'exception de la soie.	Même droits que les tissus de laine.	

(1) Lorsque les vases ou les boîtes renfermant la parfumerie sont passibles de taxes plus élevées que celle-ci, c'est la taxe la plus élevée qui est appliquée.

Poissons d'eau douce, frais.	. . . .	Exempts.
— préparés.	100 k.	52 50
— de mer, frais.	. . . .	Exempts.
— fumés, salés, secs.	100 k.	3 75
Poix.	. . . .	Exempte.
Pommes de terre.	. . . .	id.
Porcelaines, blanche.	100 k.	12 50
— de couleur et blanche avec bandes ou raies de couleur, peintes ou dorées.	id.	30 »
Potasse (y compris les salins de betteraves).	id.	1 25
Poteries, communes.	. . . .	Exemptes.
— combinées avec d'autres matières, à l'exception des métaux dorés ou argentés, de l'écaille, des perles fines, du corail ou des pierres fines.	100 k.	30 »
Produits chimiques non dénommés.	id.	3 75
Prussiate de potasse jaune.	id.	7 50
— rouge.	id.	25 »
Quincaillerie fine (voir Mercerie fine).		
Résines de toute sorte.	. . . .	Exemptes.
Roseaux bruts.	. . . .	id.
Sabots de bétail, bruts.	. . . .	id.
Safre (oxyde de cobalt).	. . . .	id.
Salins de betteraves.	100 k.	1 25
Sauces (épices).	id.	52 50
Savons (1) verts, noirs et autres savons gras.	id.	6 25
— blancs ordinaires.	id.	6 25
— fins en pains, boules, boîtes, cruchons, pots.	id.	15 »
Semoule.	. . . .	Exempte.
Soies, Soie en cocons; soies grèges ou moulinées; bourre de soie cardées, filées, simples ou retorses, mais non teintes.	. . . .	id.
— Soie et bourre de soie teintes.	100 k.	30 »
— Tissus de soie et bonneterie (châles), blondes; dentelles; petinet, gaze de soie; passementerie; boutonnerie; broderies et articles de mode; métaux filés sur soie; passementerie en métal; étoffes brochées d'or ou d'argent (fin ou faux); rubans, bandes et tulles en soie pure; enfin les mêmes articles en bourre ou soie et bourre de soie pure.	id.	300 »
— Tous les articles susmentionnés dans lesquels, outre la soie et la bourre de soie, en-		

(1) Lorsque les enveloppes ou boîtes renfermant les savons sont assujetties à une taxe plus élevée que les savons, c'est cette dernière taxe qui doit être acquittée.

trent également d'autres matières textiles, telles que la laine ou d'autres poils d'ani-maux, le coton, le lin isolément ou faisant corps avec la soie (à l'exception des étoffes d'or et d'argent).	100 k.	225 »
— Vêtements confectionnés.	id.	300 »
Soudes brute, naturelle et artificielle.	id.	1 87
— caustique.	id.	7 50
Soufre brut, épuré et sublimé.	. . . . . .	Exempt.
Souliers communs.	100 k.	30 »
— fins.	id.	75 »
Statues en marbre ou en pierre, sculptées ou polies.	. . . . . .	Exemptes.
— en métal, de grandeur naturelle au moins.	. . . .	id.
Stil de grain.	. . . .	id.
Sucre de lait.	. . . .	id.
Suif.	. . . .	id.
Sulfates de baryte; de cuivre; doubles de cuivre et de fer.	100 k.	3 75
— fer.	id.	1 25
— magnésie.	id.	15 »
— potasse.	. . . . .	Exempts.
— soude.	100 k.	1 25
Sulfites de soude.	id.	1 25
Sulfure d'arsenic.	. . . . .	Exempt.
Tabletterie d'écaille ou en combinaison avec d'autres matières.	100 k.	112 50
— autre que d'écaille.	id.	30 »
Tapis de pied, d'écorce, de paille et de jonc, communs, teints.	id.	7 50
Tartrate de potasse.	. . . . . .	Exempt.
Toiles cirées, pour emballage (non im-primées).	100 k.	5 »
— cirées, pour ameublement, tentures ou autres usages.	id.	15 »
— métalliques en cuivre ou en laiton.	id.	22 50
— métalliques en acier et en fer.	id.	10 »
Tresses en paille, de toute sorte.	id.	5 »
Vannerie commune.	. . . . .	Exempte.
— fine.	100 k.	30 »
Végétaux filamenteux non spécialement dé-nommés. En brins, écrus, peignés ou teillés.	. . . . .	Exempts.
— Fils simples écrus.	100 k.	3 75
— blanchis ou teints.	id.	22 50
— Fils retors de toute espèce.	id.	30 »
Vernis à l'huile.	id.	7 50
— autres.	id.	25 »

Verrerie. Verre cassé.	. . . .	Exempt.
— Verre creux vert (vases et bouteilles).	100 k.	1 25
— blanc, non moulé, non poli ou seulement poli au bouchon, au fond ou au bord, verres à vitres et verre en tables de couleur naturelle (vert, blanc ou mi-blanc.	id.	5 »
— Verre massif blanc, pressé, taillé, dépoli, gravé, à dessins.	id.	20 »
— Verre de couleur, peint ou doré, sans distinction de formes ; verrerie combinée avec d'autres matières, mais ne rentrant pas, par le fait de la combinaison, dans la mercerie.	id.	30 »
— Ouvrages en verre en combinaison avec d'autres matières (à l'exception de métaux précieux, de métaux finement dorés ou argentés, d'écaille, de perles fines, de corail ou de pierres fines).	id.	45 »
Vert de gris (épuré ou moulu).	id.	7 50
Vert de montagne.	. . . .	Exempt.
Vins en cercles et en bouteilles.	100 k.	20 »
Vitrifications.	id.	20 »
Voitures (autres que les wagons) quelle que soit la garniture intérieure.	la pièce.	187 50
Wagons pour chemins de fer.	la valeur.	10 0/0
Zinc brut ; vieux débris d'ouvrages en zinc ; limailles et minerais.	. . . .	Exempts.
— en feuilles.	100 k.	3 75
— Ouvrages communs.	id.	7 50
— fins, même vernis.	id.	30 »

TRAITÉ AVEC LA SUISSE

EN VIGUEUR DEPUIS LE 1er JUILLET 1865.

Conclu pour douze ans.

DÉNOMINATION DES PRODUITS.	UNITÉS sur lesquelles portent les droits. (1)	DROITS applicables aux produits français.
Abaca brut ou teillé.	100 k.	» 60
— peigné ou tordu.	id.	7 »
— Fils	id.	4 »
— Tissus grossiers pour emballage.	id.	1 50
— Tissus, autres.	Mêmes droits que ceux indiqués aux mots Tissus de lin.	
Acétates de fer liquide et d'alumine.	100 k.	1 50
Acides acétique.	id.	1 50
— arsénieux.	id.	» 60
— benzoïque et borique.	id.	1 50
— citrique.	id.	4 »
— hydrochlorique et nitrique.	id.	» 60
— oléique.	id.	7 »
— oxalique.	id.	4 »
— pyroligneux et stéarique.	id.	1 50
— sulfurique.	id.	» 60
— tartrique.	id.	4 »
Acier. Acier en barres de toute espèce.	id.	3 »
en tôle de toute épaisseur; fils d'acier, même blanchi, pour cordes d'instruments.	id.	4 »
— Outils en acier; toiles métalliques.	id.	7 »
— Articles de ménage et autres ouvrages en acier pur, non dénommés :		
— non polis.	id.	7 »
— polis.	id.	16 »
Agaric pour amadou.	id.	» 60
Agates et autres pierres de même espèce, ouvrées.	id.	30 »
Albâtres (voir le mot Marbre).		
Albumine.	id.	7 »

(1) Le Traité n'indique pas si, pour les produits taxés spécifiquement, les droits seront perçus sur le poids brut ou sur le poids net.

Alcool (sans distinction de force) en sus des droits de consommation (1).			
— en tonneaux.	100 k.	7	»
— en bouteilles.	id.	16	»
Aluminate de soude.	id.	7	»
Aluminium.	id.	7	»
Amadou (voir Agaric).			
Ambre gris.	id.	7	»
Amidon.	id.	»	60
Ancres pour la marine.	id.	4	»
Antimoine. Minerai d'antimoine.	id.	»	02
— sulfuré, fondu.	id.	1	50
— métallique ou régule.	id.	1	50
Arbres, arbrisseaux et autres plantes d'ornement en pleine terre ou pour serres.	id.	»	40
Ardoises pour toitures.	id.	»	08
— en carreaux on en tables.	id.	3	»
— encadrées et crayons d'ardoises.	id.	16	»
Argent. Argent battu en feuilles.	id.	16	»
Ouvrages en argent.	id.	30	»
Armes de commerce (blanches et à feu).	id.	4	»
Arsenic blanc.	id.	»	60
— métallique.	id.	3	»
Articles d'emballage ayant déjà servi :			
Tonneaux, barils, caisses.	id.	»	08
Sacs.	id.	1	50
Baies de genièvre.	id.	1	50
Balais communs de broutilles.	id.	»	08
Baleine. Blanc de baleine.	id.	1	50
Fanons de baleine, bruts.	id	4	»
Bâtiments de mer, barques et coques de bâtiments ou de barques :			
Ordinaires pour le transport de personnes et de marchandises.	la valeur	5	0/0
Bateaux de luxe, gondoles.	id.	10	0/0
Betteraves.	100 k.	»	08
Beurre frais, fondu ou salé.	id.	1	»
Bicarbonate de soude.	id.	7	»
Bières (2) en bouteilles.	id.	7	»
— en tonneaux.	id.	1	50
Bijouterie en or, argent, platine ou autres métaux.	id.	30	»
Bimbeloterie.	id.	16	»

(1) Ces droits ne sont pas uniformes. Ils varient dans chaque canton de la Suisse, et s'élèvent de 9 à 32 c. par litre. Toutefois, il n'est perçu aucune taxe de l'espèce dans les cantons de Zurich, d'Appenzel, de Saint-Gall, de Thurgovie et de Neufchâtel.

(2 A leur arrivée en Suisse, les bières sont soumises à des droits d'accise, dont le taux varie, suivant les cantons, de 2 à 8 c. par litre. Toutefois, il n'est perçu aucun droit dans les cantons de Zurich, d'Appenzel, de Saint-Gall, de Thurgovie et de Neufchâtel.

Bismuth brut.	100 k.	3	»
Bitumes de toute sorte.	id.	»	30
Blanc de baleine et de cachalot.	id.	1	50
Bois de chêne et de noyer, pour douves et pour charronnage, grossièrement ébauchés.	id.	»	08
— d'ébénisterie, brut.	id.	»	08
— d'ébénisterie, scié.	id.	»	60
— en feuilles, pour placage.	id.	4	»
— Futailles vides, neuves ou vieilles, montées ou démontées :			
cerclées en bois.	id.	»	08
cerclées en fer.	id.	4	»
— Pelles, fourches, râteaux, avirons, manches d'outils.	id.	4	»
— Plats, cuillers, écuelles et autres articles de ménage en bois blanc :			
— sans ciselures.	id.	4	»
— peints, polis, vernis ou ciselés.	id.	16	»
— Pièces de charpente et de charronnage brutes.	id.	»	08
façonnées.	id.	4	»
— Liteaux façonnés pour cadres (bruts ou gypsés).	id.	7	»
— Ouvrages de tourneur et objets en bois, peints, polis, vernis ou ciselés.	id.	16	»
— Meubles, dits de tourneur, en bois commun, non vernis, non polis.	id.	4	»
— Meubles ayant servi.	id.	7	»
— Meubles neufs (ébénisterie de toute espèce).	id.	16	»
Bois de teinture non moulus.	id.	»	60
— rapés ou moulus.	id.	1	50
— (Extraits de).	id.	7	»
Borax brut.	id.	7	»
Bougies de blanc de baleine, de stéarine et de cire.	id.	16	›
Boutons fins ou communs autres que de passementerie.	id.	16	»
Brome.	id.	7	»
Brosserie de toute espèce commune (sans bois verni, ni poli, ni peint), en soies, en broutilles et métallique.	id.	7	»
— fine, avec bois verni, poli, peint ou avec os ou cuir.	id.	16	»
Cacao en fèves.	id.	3	»
— en poudre.	id.	7	»
Cachalot (Blanc de).	id.	1	50
Cadmium brut.	id.	3	»
Camphre brut et raffiné.	id.	7	»
Cantharides desséchées.	id.	7	»

Cannes d'Inde, brutes ou refendues.	100 k.	3 »
Caoutchouc ouvré, pur ou mélangé, taillé, filé ou en balles, plaqués ou feuilles, en courroies ou tuyaux.	id.	7 »
— Ouvrages divers en caoutchouc, pour les bureaux.	id.	16 »
— Caoutchouc appliqué sur des tissus en pièces ou sur d'autres matières.	id.	16 »
— Vêtements confectionnés.	id.	30 »
— Chaussuressans travail à l'aiguille.	id.	16
— Chaussures avec travail à l'aiguille.	id.	30 »
Carbonates de magnésie.	id.	7 »
— de plomb.	id.	3 »
— de potasse (potasse ordinaire).	id.	» 60
— de potasse, purifié, cristallisé.	id.	7 »
— de soude, cristallisé (cristaux de soude.	id.	» 60
— de soude (sel de soude) à tous les degrés.	id.	» 60
Carrosserie.	la valeur	10 0/0
Cartes géographiques ou de marine.	100 k.	1 »
— à jouer.	id.	30 »
Cartons en feuilles de toute sorte :		
— gris ordinaire.	id.	3 »
— blanc et carton à catir.	id.	4 »
— moulé, coupé et assemblé :		
Objets moulés.	id.	7 »
Ouvrages en cartonnage.	id.	16 »
Castoréum.	id.	7 »
Cendres végétales, vives et lessivées.	id.	» 02
Chandelles de suif.	id.	4 »
Chanvre brut ou peigné.	id.	» 60
— Fils grossiers pour toile d'emballage.	id.	» 60
— Fils de lin ou de chanvre, non blanchis, non teints, non retors.	id.	4 »
— Les mêmes blanchis, teints, retors.	id.	7 »
— Toile à emballer ordinaire et écrue, de 25 fils au plus par pouce (3 centimètres) tant à la chaîne qu'à la trame.	id.	1 50
— Toile de lin et coutils écrus ou mi-blanchis, non teints et ayant moins de 40 fils de chaîne par pouce.	id.	4 »
— Toiles et rubans de lin, blanchis, teints, apprêtés, ainsi que la toile de lin écrue lorsqu'elle a plus de 40 fils de chaîne par pouce.	id.	16 »
— Coutils unis ou façonnés, blanchis, teints ou imprimés.	Même régime que les tissus de lin, suivant la classe.	
— Linge damassé.	Idem.	

Batiste, linon, mouchoirs encadrés :			
Sans broderies.	100 k.	16	»
Avec broderies.	id.	30	»
Tulles et dentelles de lin.	id.	30	»
Bonneterie, passementerie et rubanerie de lin écrue, blanchie ou teinte.	id.	16	»
Articles en lin ou en chanvre confectionnés.	id.	30	»
Articles non dénommés.	Taxés par analogie aux articles des différentes classes.		
Tissus de lin ou de chanvre mélangés quand le lin ou le chanvre domine en poids.	Même régime que les tissus de lin ou de chanvre purs.		
Chaux.	100 k.	»	08
Cheveux ouvrés.	id.	30	»
Chicorée grillée ou moulue.	id.	3	»
Racines de chicorée :	id.		
— vertes ou sèches.	id.	»	60
— grillées ou moulues.	id.	3	»
Chlorate de potasse.	id.	7	»
Chlorures d'aluminium et de magnésium.	id.	7	»
— de chaux et de potassium.	id.	»	60
Chocolat.	id.	16	»
Choucroûte.	id.	4	»
Chromates de plomb.	id.	7	»
— de potasse.	id.	3	»
Cirage de toute sorte.	id.	7	»
Cire brute (jaune ou blanche).	id.	1	50
Ouvrages de toute espèce, bougies de cire et bougies filées.	id.	16	»
Cire à cacheter.	id.	16	»
Citrates de chaux.	id.	7	»
Civettes.	id.	7	»
Cobalt (Composés du).	id.	1	50
Colle-forte commune.	id.	»	60
— purifiée.	id.	7	»
Colle de poisson.	id.	7	»
Coques de bâtiments de mer, coquillages pleins (Voir les mots Bâtiments de mer).			
Corail brut.	id.	4	»
— taillé (monté ou non).	id.	30	»
Cordes câbles.	id.	3	»
— minces et fines.	id.	16	»
Cornes de bétail, brutes et préparées.	id.	»	60
Coton en laine de l'Inde.	id.	»	60
— en feuilles cardées ou gommées (ouate).	id.	4	»
Fils simples, écrus, et fils retors en deux bouts, écrus.	id.	4	»
Fils simples et retors en deux bouts blanchis, teints et tous autres.	id.	7	»
Fils écrus, blanchis ou teints, en 3 bouts ou plus, à simple ou plusieurs torsions :			
— écrus.	id.	4	»
— blanchis ou teints.	id.	7	»

Coton. Tissus unis, écrus, croisés ; coutils.	100 k.	4	»
— Tissus blanchis, teints, imprimés.	id.	16	»
— Velours de coton, façon soie, écrus.	id.	4	»
— — teints ou imprimés.	id.	16	»
— Tissus écrus, unis, croisés, pesant moins de 3 kilogrammes les 100 mètres carrés.	id.	4	»
— Piqués, basins, façonnés, damassés ou brillantés.	id.	16	»
— Couvertures communes.	id.	4	»
— Couvertures autres.	id.	16	»
— Tulles unis.	id.	16	»
— Tulles brodés.	id.	30	»
— Gazes et mousselines brodées pour ameublements ou tentures; articles confectionnés en tout ou en partie ; broderies à la main ; dentelles et blondes.	id.	30	»
— Tissus mélangés, le coton dominant en poids.	Même régime que les tissus de coton pur.		
— Articles non dénommés.	Taxés par analogie aux articles du tarif.		
Couleurs non dénommées, sèches, en pâte et liquides, chimiques, minérales, en morceaux ; végétales, brutes, moulues, lavées ou préparées.	100 k.	7	»
— végétales, préparées, en boîtes, bouteilles, coquillages, petits pots, bâtons.	id.	16	»
Coutellerie de toute espèce.	id.	16	»
Crayons de toute espèce.	id.	16	»
Crin brut, de toute espèce.	id.	3	»
— préparé en tresses ou frisé.	id.	7	»
Tissus et ouvrages en crin pur ou mélangé.	id.	16	»
Cristal de roche brut	id.	4	»
— taillé artistiquement.	id.	30	»
Cristaux blancs et colorés.	id.	16	»
Cuir. Ouvrages en cuir et en peau de toute espèce :			
Ouvrages en cuir commun de cordonnier, de sellier et de boursier ; harnais communs, soufflets, havresacs, gibernes.	id.	16	»
Ouvrages en cuir fin, de Cordouan, maroquin, cuir de Bruxelles et de Danemark, de peau chamoisée ou passée en mégie, de cuir vernis ou de parchemin ; sellerie et harnais garnis, gants de peau, chaussure fine, souliers et bottes garnis de fourrure ou de cuir de Russie.	id.	30	»
Cuivre. Minerai de cuivre.	id.	»	02
Limailles et débris de vieux ouvrages en cuivre.	id.	1	50

Cuivre pur ou allié de zinc ou d'étain, de première fusion, en masses, barres, saumons, plaques.	100 k.	1	50
Cuivre pur ou allié de zinc ou d'étain, laminé ou battu, en barres ou planches.	id.	3	»
Cuivre doré ou argenté, battu, tiré ou laminé, filé sur fil et sur soie.	id.	16	»
Fil de cuivre pur.	id.	3	»
Cylindres en cuivre ou laiton, pour impression, gravés ou non ; appareils en cuivre à distiller ; à sucre ; de chauffage ; pour la pharmacie.	id.	4	»
Toiles en fil de cuivre ou laiton.	id.	7	»
Chaudronnerie ; objets d'art et d'ornement et tous autres ouvrages en cuivre pur ou allié de zinc ou d'étain.	id.	16	»
Curcuma en poudre.	id.	1	50
Dégras de peau.	id.	»	60
Dents de loup.	id.	»	02
Duvet.	id.	7	»
Eaux. Eaux minérales (bouteilles et cruchons compris).	id.	3	»
Eaux-de-vie en bouteilles et liqueurs, sans distinction de degrés.	id.	16	»
Ecorces à tan de toute sorte, même moulues.	id.	»	02
Ecossines et autres pierres de construction, y compris les pierres d'ardoises :			
Pierres à bâtir, communes, taillées.	id.	»	02
Ardoises.	id.	»	08
Pierres sculptées ou polies, en pièces dont le poids est supérieur à 50 kilog.	id.	3	»
Ouvrages de sculpture.	id.	16	»
Emaux.	id.	4	»
Encre à dessiner, à écrire ou à imprimer.	id.	16	»
Epices préparées (sauces).	id.	16	»
Epingles de toute sorte.	id.	16	»
Eponges de toute sorte.	id.	7	»
Estampes sur papier.	id.	1	»
Etain. Minerai d'étain.	id.	»	02
— en masses brutes, saumons, barres ou plaques ; limailles et débris de vieux ouvrages.	id.	1	50
— allié d'antimoine, en lingots ; étain pur ou allié, battu ou laminé ; bismuth brut ; mercure natif ; cadmim brut.	id.	3	»
Poteries et autres ouvrages en étain pur ou allié d'antimoine :			
Non polis, non peints.	id.	7	»
Polis, peints ou vernis.	id.	16	»

Faïence de toute sorte.	100 k.	16	»
Fanons de baleine, bruts.	id.	4	»
Fer. Minerai et scories de fer.	id.	»	02
Limailles ; ferrailles ; débris de vieux ouvrages ; fer brut en massiaux retenant encore des scories.	id.	»	60
Fer en barres carrées, rondes ou plates.	id.	2	»
Fer d'angles et à T ; rails.	id.	»	60
Fils de fer.	id.	3	»
Fers feuillards en bandes d'au moins 1 millimètre d'épaisseur.	id.	3	»
Tôles laminées ou martelées de plus d'un millimètre d'épaisseur, en feuilles pesant 200 kilogrammes ou moins, ou dont la largeur n'excède pas 1 mètre 20 centimètres, ni la longueur 4 mètres 50 centimètres ; tôles minces et fer noir en feuilles de 1 millimètre d'épaisseur ou moins.	id.	3	»
Tôles laminées ou martelées de plus de 1 millimètre d'épaisseur, en feuilles, pesant plus de 200 kilogrammes ou ayant au moins 3 millimètres d'épaisseur.	id.	»	60
Ferronnerie.	id.	7	»
Serrurerie.	id.	7	»
Clous forgés à la main et à la mécanique ; vis à bois, boulons et écrous ; câbles et chaînes en fer ; outils en fer pur, emmanchés ou non ; tubes en fer etiré, soudés par simple rapprochement ; tubes en fer étiré, soudés, sur mandrin et à recouvrement.	id.	7	»
Ancres.	id.	4	»
Hameçons étamés ou non.	id.	16	»
Objets en fonte et en fer, non polis, le poids du fer étant :			
Inférieur à la moitié du poids total.	id.	2	»
Egal ou supérieur.	id.	7	»
Ouvrages en fer, en fonte, polis, émaillés ou vernissés, même avec ornements accessoires en fer, cuivre, laiton ou acier.	id.	16	»
Articles de ménage et autres ouvrages non dénommés en fer ou en tôle :			
Polis ou peints.	id.	16	»
Emaillés, étamés ou vernissés, sans nervures.	id.	7	»
Emaillés, étamés ou vernissés, avec nervures ou travaillés à la main.	id.	16	»
Fer étamé (fer blanc), cuivré, zingué ou plombé.	id.	3	»

Feuilles et fleurs médicinales.	100 k.	7	»
Filets de pêche.	id.	16	»
Fleurs artificielles.	id.	30	»
Fonte. Fonte brute en masses ; débris de vieux ouvrages en fonte et fonte épurée, dite Mazée.	id.	»	60
Ouvrages en fonte de toute sorte.	id.	2	»
Fromages de pâte dure et de pâte molle.	id.	4	»
Fruits à distiller, c'est-à-dire fruits secs ordinaires, tels que pommes, poires, cerises, pruneaux, noix et baies de genièvre.	id.	1	50
— oléagineux.	id.	»	30
Gants en peau.	id.	30	»
Garancine.	id.	3	»
Gélatine commune.	id.	»	60
— purifiée.	id.	7	»
Gibier mort ou vivant.	id.	4	»
Gobeleterie.	id.	16	»
Graines à ensemencer et oléagineuses.	id.	»	30
Graisses animales.	id.	1	»
— de poisson, ordinaires en futailles.	id.	»	60
— de poisson, purifiées en vases de moins de 5 kilogrammes.	id.	7	»
Graphite.	id.	»	60
Gravures sur papier.	id.	1	»
Hameçons de toute espèce.	id.	16	»
Herbes médicinales.	id.	7	»
Homards.	id.	7	»
Horlogerie. Horloges communes, à l'exception des horloges à musique et de celles renfermées dans des cadres dorés ou dans des tableaux.	id.	16	»
Autres montres et pendules de toute espèce.	id.	30	»
Fournitures d'horlogerie.	id.	16	»
Houblon.	id.	4	»
Huile grasse de toute espèce, autre que médicinale.	id.	1	»
Huîtres fraîches et marinées.	id.	7	»
Instruments de musique et pièces détachées d'instruments.	id.	16	»
— d'optique, de chimie, de physique et de mathématiques.	id.	4	»
Iode.	id.	7	»
Iodure de potassium.	id.	7	»
Ivoire (ouvrages en).	id.	16	»
Joncs d'Europe, bruts ou refendus.	id.	3	»
— autres, bruts.	id.	»	02

Jus de citron.	100 k.	3	»
— de réglisse.	id.	7	»
Jute peigné ; jute en brins, ou teillé.	id.	»	60
—Fils écrus, pour toile d'emballage.	id.	»	60
—Fils écrus, autres.	id.	4	»
—Fils blanchis ou teints.	id.	7	»
—Tissus écrus, blanchis ou teints.	Même régime que les tissus de lin, suivant la classe.		
—Tapis de jute, ras ou à poil.	100 k.	7	»
Kermés minéral.	id.	7	»
Kino (suc végétal).	id.	7	»
Laine. Laine en masse d'Australie, peignée, teinte ou non.	id.	»	60
— Fils simples blanchis ; fils retors pour le tissage, blanchis ; fils simples ou retors teints pour tapisserie.	id.	7	»
—Fils simples non blanchis ; fils retors pour le tissage, non blanchis.	id.	4	»
—Tissus écrus ; ouvrages grossiers en feutre ; couvertures écrues et grises communes ; tapis grossiers sans franges, ni travail à l'aiguille ; lisières de drap entières ou coupées,	id.	7	»
—Tissus blanchis, soufrés, teints imprimés ; étoffes en feutre · couvertures blanchies, soufrées, teintes ; tapis en pièce ou simplement ourlés ; bonneterie; passementerie ; rubanerie ; dentelies : chaussons de lisière.	id.	16	»
—Tapis finis proprement dits ; châles et écharpes de cachemire des Indes ; vêtements confectionnés neufs.	id.	30	»
— Vêtements confectionnés vieux.	id.	1	50
—Articles non dénommés (sont taxés, selon la qualité, par analogie aux articles des classes du tarif).			
Lait,	id.	»	02
Légumes salés ou confits au vinaigre : Choucroûte et autres légumes au sel.	id.	4	»
Légumes au vinaigre, en vases de plus de 5 kilos.	id.	7	»
Légumes au vinaigre, en vases de moins de 5 kilos.	id.	16	»
Lies de vin.	id.	»	02
Liége brut et en tablettes non raclées.	id.	4	»
— ouvré (semelles, bouchons, etc.).	id.	7	»
Lin. Lin brut ou peigné.	id.	»	60
—Fils de lin. Voir le mot chanvre.			
— Tissus de lin. Id.			
Lithographies sur papier.	id.	1	»
Livres en langues mortes ou étrangères.	id.	1	»

Machines. Machines à vapeur fixes :			
Avec ou sans chaudières.			
Avec ou sans volants ; machines pour la navigation.			
Avec ou sans chaudières ; locomotives ou locomobiles.	100 k.	4	»
Machines autres qu'à vapeur :			
Tenders complets de machines locomotives ; machines pour la filature ; pour le tissage ; à fabriquer le papier ; à imprimer ; pour l'agriculture ; à bouter les plaques et rubans de cardes ; pour nettoyer et ouvrir la laine, le lin, le coton et autres matières textiles, métiers à tulle ; cardes non garnies.	id.	4	»
Appareils en cuivre à distiller ; à sucre ; de chauffage ; pour l'industrie de la pharmacie ; appareils en cuivre pour le ménage.	id.	16	»
Chaudières à vapeur en tôle de fer et en tôle d'acier.	id.	4	»
Gazomètres.	id.	4	»
Chaudières, poêles et calorifères en tôle.	id.	7	»
Poêles et Calorifères en fonte et en fer.	id.	2	»
Machines-outils et machines non dénommées en fonte et en fer.	id.	4	»
Manganèse (minerai).	id.	»	60
Marbres et albâtres de toute sorte :			
Albâtre et marbre bruts.	id.	»	30
Marbre scié en plaques brutes non polies.	id.	1	50
Marbre en plaques polies.	id.	3	»
Ouvrages de sculpture en marbre.	id.	16	»
Matériaux (ardoises, briques, carreaux de terre, chaux, plâtre, tuiles).	id.	»	08
Mélasses de toute espèce.	id.	7	»
Mercerie de toute sorte.	id.	16	»
Métaux (ouvrages en) dorés ou argentés, par le mercure, ou par procédé électro-chimique.	id.	30	»
Meules.	la valeur.	2	0/0
Miel.	100 k.	3	»
Minerais non dénommés.	id.	»	02
Miroirs au-dessous de deux pieds carrés (1), mesurés avec le cadre.	id.	16	»
— de deux pieds carrés et au-dessus, mesurés avec le cadre.	id.	30	»
Modes (objets de).	id.	30	»
Moules.	id.	7	»

(1) En Suisse, le pied vaut 30 centimètres.

Moutarde pure, brute et pilée.	100 k.	1	50
— moulue, en tonneaux, vases ou verres.	id.	16	»
Musc.	id.	7	»
Musique gravée.	id.	1	»
Nickel. Minerai.	id.	»	02
— Minerai fondu.	id.	3	»
Nickel pur ou allié d'autres métaux, notamment de cuivre ou de zinc (Argentan) en lingots on masses brutes.	id.	3	»
Nickel pur ou allié d'autres métaux, laminé ou éteré.	id.	7	»
Ouvrages en nickel allié au cuivre ou au zinc (Argentan).	id.	16	»
Nitrate de potasse et de soude.	id.	»	60
Nitre.	id.	»	60
Noir d'os.	id.	3	»
Objets de collection, non dénommés, hors de commerce.	id.	4	»
Or. Bijouterie et orfévrerie d'or.	id.	30	»
— battu en feuilles.	id.	16	»
Oreillons.	id.	»	02
Orseilles de toute sorte. Mousse brute.	id.	»	60
— Mousse préparée.	id.	1	50
— Mousse d'Eisenach (persio).	id.	7	»
Os de bétail.	id.	»	02
— calcinés blancs.	id.	3	»
Outremer.	id.	7	»
Oxalates de potasse.	id.	7	»
Oxydes de cuivre, d'étain et de zinc.	id.	1	50
— de fer et d'urane.	id.	7	»
— de plomb.	id.	3	»
Paille (Tresses de).	id.	4	»
Papiers d'emballage et à étancher.	id.	3	»
— ciré et goudronné.	id.	3	»
— à imprimer et à écrire, collé ou non collé, blanc ou colorié, mais unicolore seulement.	id.	7	»
— colorié de toute espèce, multicolore, doré ou argenté.	id.	16	»
— de verre, à dérouiller et à émeri.	id.	16	»
— pour musique.	id.	16	»
— rayé ou lithographié.	id.	16	»
— peint de toute espèce,	id.	16	»
Parapluies et parasols en coton.	id.	16	»
— — en soie.	id.	30	»
Parfumeries de toute sorte.	id.	30	»
Passementeries non spécialement dénommées (c'est-à-dire autres que celles de laine, de lin et de soie).	id.	16	»

Peaux brutes.	100 k.	»	60
Peaux destinées à être empaillées.	id.	4	»
Peaux. Peaux vernies, teintes ou maroquinées ; peaux tannées, mais encore revêtues de leurs poils, à l'usage des selliers.	id.	7	»
— Peaux préparées pour pelleteries.	id.	16	»
— Ouvrages en peau (voir ouvrages en cuir).			
Phormium-tenax brut ou teillé.	id.	»	60
— Peigné ou tordu.	id.	7	»
— Fils.	id.	4	»
— Tissus grossiers pour emballage.	id.	1	50
— Tissus autres (mêmes droits, suivant les classes que les tissus de lin).			
Phosphates naturels.	id.	7	»
Phosphores blanc et rouge.	id.	7	»
Photographies sur papier.	id.	1	»
Pièces détachées de machines :			
— Plaques et rubans de cadres sur cuir, caoutchouc, ou sur tissus purs ou mélangés ; dents de rots en fer ou en cuivre ; rots, ferrures ou peignes à tisser à dents de fer ou de cuivre.	id.	4	»
— Pièces en fonte, polies, limées et ajustées.	id.	2	»
— Pièces en fer forgé, polies, limées et ajustées ou non :			
— Non polies, non peintes, non vernissées.	id.	7	»
— Polies, peintes, vernissées.	id.	16	»
— Ressorts en acier pour carrosserie, wagons et locomotives :			
Non polis, non peints, non lissés.	id.	7	»
Lissés, polis et peints.	id.	16	»
— Pièces en acier, polies, limées, ajustées ou non, pesant :			
Plus d'un kilog.	id.	7	»
Un kilog. ou moins.	id.	16	»
— Pièces en cuivre pur ou allié de tous autres métaux.	id.	16	»
— Plaques et rubans de cuir, de caoutchouc et tissus spécialement destinés pour cardes.	id.	4	
Pierres. Pierres de construction (voir le mot Écossines).			
— Pierres gemmes de toute sorte :			
— brutes, percées et non taillées.	id.	4	»
— taillées, montées ou non.	id.	30	»
— Pierres de même espèce que les agates, ouvrées.	id.	30	»

Pierres à aiguiser de toute sorte.	100 k.	»	30
— à aiguiser, montées (machines).	id.	4	»
— lithographiques couvertes de dessins, gravures et écritures destinées à l'impression sur papier.	id.	1	»
— Statues modernes en marbre ou en pierre, de grandeur naturelle, au moins, destinées à un but public.	id.	»	40
—Ouvrages de sculpture.	id.	16	»
Planches gravées sur cuivre, acier ou bois.	id.	1	»
Plantes alcalines.	id.	»	08
Plaqué (Ouvrages en).	id.	30	»
Platine (Bijouterie et orfévrerie en).	id.	30	»
Plâtre.	id.	»	08
Plomb. Minerai et scories de toute sorte.	id.	»	02
—Limailles et débris de vieux ouvrages ; plomb en masses brutes, saumons, barres ou plaques.	id.	»	60
—Plomb laminé.	id.	1	50
— allié d'antimoine, en masses.	id.	3	»
—Caractères d'imprimerie :			
Neufs.	id.	7	»
Vieux.	id.	1	50
—Ouvrages en plomb :			
Non peints, non vernis.	id.	7	»
Peints ou vernis.	id.	16	»
Plombagine.	id.	»	60
Plumes à écrire, en métal, excepté celles en or ou en argent.	id.	16	»
— à écrire (d'oiseau) brutes ou apprêtées.	id.	16	»
— à lit, de toute sorte, duvet et autres.	id.	7	»
Poils. Poils de chèvres, peignés.	id.	3	»
— non spécialement tarifés :			
— bruts.	id.	3	»
— filés.	id.	7	»
Poissons d'eau douce :			
— frais.	id.	»	40
— préparés, séchés, salés, marinés ou fumés en vases de 5 kilos et plus.	id.	4	»
— préparés, en boîtes ou en verres, au vinaigre et à l'huile.	id.	16	»
— de mer, frais, secs, salés ou fumés (même régime que les poissons d'eau douce).			
Pommes de terre.	id.	»	02

Poteries.

Poterie grossière :			
Carreaux, briques, tuiles, cornues à gaz, tuyaux.	100 k.	»	08
Creusets (y compris ceux en graphite ou plombagine) pipes en terre, vernissées ou non.	id.	1	50
Pipes en terre vernissées avec décorations à relief unicolores et multicolores ; platrerie et creux.	id.	16	»
Poterie de grès :			
Ustensiles et appareils pour la fabrication des produits chimiques.	id.	4	»
Poterie commune de toute sorte, platrerie et creux comprenant la forme bouteille, les carafes, objets de ménage, ustensiles de cuisine.	id.	1	50
Porcelaines de toute sorte, blanches ou décorées ; parian et biscuit blanc.	id.	16	»
Produits chimiques non dénommés.	id.	7	»
Prussiates jaune.	id.	3	»
— rouge.	id.	7	»
Quinquina (Extraits de).	id.	7	»
Rails pour chemins de fer.	id.	»	60
Résines communes, non distillées.	id.	»	60
— balsamiques.	id.	7	»
— à fumigations.	id.	16	»
— purifiées.	id.	1	50
Sabots de bétail, bruts.	id.	»	62
Safre	id.	1	50
Salins de betteraves.	id.	1	50
Sarcocolle.	id.	7	»
Sauces.	id.	16	
Savons ordinaires de toute espèce et de parfumerie.	id.	1	50
Sels de soude non dénommés.	id.	7	»
Sirops brut, brun ou noir, d'un goût empyreumatique.	id.	3	»
— purifié, en tonneau.	id.	7	»
— sous forme de remède ou médicament.	id.	30	»
Soies. Soies en cocons et déchets de soie.	id.	»	60
— Bourre de soie et soie brute.	id.	4	»
— Soies grèges et moulinées teintes ; soies à coudre, à broder et à dentelles.	id.	7	»
— Fils de toute sorte.	id.	16	»
— Bonneterie ; crêpes, façon d'Angleterre, écrus, noirs et de couleur ; tulles de toute espèce ; tissus de soie et de bourre de soie ; tissus de bourre de soie écrus, blanchis, teints et imprimés.	id.	16	»

Désignation	Unité	fr.	c.
Soies. Dentelles; tissus, passementerie et dentelles de soie ou de bourre de soie avec or ou argent faux, mi-fin ou fin.	100 k.	30	»
Soude artificielle brute et de warech.	id.	»	60
— caustique.	id.	1	50
Soufre brut.	id.	»	60
— raffiné, en canons; fleur de soufre.	id.	1	50
Statues en fonte de fer.	id.	2	»
— en autres métaux communs.	id.	»	40
— en marbre ou en pierre.	id.	»	40
Storax.	id.	7	»
Styrax.	id.	7	»
Sucs végétaux desséchés.	id.	7	»
Sucres de lait.	id.	7	»
— raffiné.	id.	7	»
Suif et graisses analogues.	id.	1	»
Sulfate de magnésie.	id.	7	»
— de potasse.	id.	7	»
— de soude brut, calciné ou cristallisé.	id.	»	60
— d'alumine.	id.	1	50
Sulfites de soude.	id.	7	»
Sulfure d'antimoine brut.	id.	1	50
— d'arsenic.	id.	7	»
Tableaux.	id.	1	»
Tabletterie.	id.	30	»
Tartrate de potasse.	id.	7	»
Toiles cirées pour emballage.	id.	3	»
— pour ameublements, tentures ou autres usages.	id.	16	»
Vannerie grossière.	id.	1	50
— fine.	id.	16	»
Végétaux filamenteux non dénommés.	Mêmes droits que ceux indiqués au mot *Abaca*.		
Vernis à l'huile et à l'esprit de vin.	100 k.	3	50
Verrerie. Groisil et verre cassé.	id.	»	08
— Bouteilles ordinaires, vertes et brunes.	id.	1	50
— Verres à vitres et verrerie commune.	id.	7	»
— Verres de couleur, polis ou gravés.	id.	16	»
— Verrerie fine; verrerie soufflée et polie; ouvrages en cristal.	id.	16	»
— Vitraux peints.	id.	30	»
— Verres de montre et d'optique.	id.	16	»
— Verres à glace, non étamés de toute dimension.	id.	16	»
— Verres à glace étamés.	id.	33	»
Viandes. Extraits de viandes.	id.	16	»
— fraîches de boucherie.	id.	1	»
— salées ou fumées.	id.	4	»

Vinaigre en bouteilles.	100 k.	7	»
— en fûts.	id.	1	50
Vins (1) en bouteilles.	id.	7	»
— en tonneaux.	id.	3	»
Vitrifications.	id.	4	»
Volaille morte.	id.	4	»
Zinc. Minerai cru ou grillé, pulvérisé ou non.	id.	»	02
Limailles et débris de vieux ouvrages.	id.	1	50
Zinc laminé, en masses brutes, saumons, barres ou plaques.	id.	1	50
— Ouvrages en zinc, non polis et non peints.	id.	7	»
— idem — polis, peints ou vernis.	id.	16	»

(1) Les vins sont soumis à leur importation en Suisse à des droits d'acc'se variant, suivant les cantons, de 0,06 à 0,17 centimes par litre. Toutefois, il n'est perçu aucune taxe de l'espèce dans les cantons de Zurich, d'Appenzell, de Saint-Gall, de Thurgovie et de Neufchâtel.

TRAITÉ AVEC LES PAYS-BAS

EN VIGUEUR DEPUIS LE 1er SEPTEMBRE 1865

Conclu pour douze ans.

DÉNOMINATION DES PRODUITS.	UNITÉS sur lesquelles portent les droits. (1)	DROITS applicables aux produits français importés par terre ou sous pavillon néerlandais ou français.
Acier (outils, ouvrages et ustensiles).	la valeur.	5 0/0
Alcools.	1 hect. d'alcool à 50° centigr.	7 42
Aluminium (Ouvrages en).	la valeur.	5 0/0
Amandes.	100 k.	8 48
Amidon.	id.	2 12
Argent. Argent battu, en feuilles.	la valeur.	5 0/0
—Fils d'argent.	id.	5 0/0
—Ouvrages en argent.	id.	5 0,0
Argentan. Argentan en feuilles.	100 k.	2 12
—Ouvrages en argentan.	la valeur.	5 0/0
Armes. Armes blanches (baïonnettes, épées, hallebardes, piques, fleurets, sabres).	id.	5 0/0
—Armes à feu (carabines, fusils, pistolets).	id.	5 0/0
—Balles pour fusils et pistolets.	id.	5 0/0
—Canons (bouches à feu) :		
En fer.	100 k.	2 65
En autre métal.	id.	15 90
Baleine, en fanons, coupée ou fendue.	la valeur.	5 0/0
Bâtiments de mer ou de rivière.	id.	1 0/0
Bière (y compris l'extrait de malt (2).	l'hectolitre.	6 36
Biscuit de mer.	100 k.	» 85
Bois. Bois commun, non scié.	le stère.	» 35
—Bois commun, scié.	id.	1 05
— Bois d'ébénisterie, non scié.	la valeur.	1 0/0
— — scié.	id.	3 0/0
—Douves brutes.	id.	1 0/0
—Mâts, espars et rames.	id.	50 cent. 0/0
—Merrains pour panneaux.	les 100.	15 90
— pour futailles, longs.	id.	8 48
— pour futailles, autres.	id.	2 12

(1) Le traité n'indique pas si, pour les produits taxés spécifiquement, les droits seront perçus sur le poids brut ou sur le poids net.

(2) La bière est, en outre, frappée d'un droit d'accise s'élevant à 2 fr. 12 cent. par hectolitre.

—Ouvrages de charronnage, montés, ferrés ou non; futailles; meubles; outils et ustensiles en bois; photographies encadrées avec ou sans glaces.	la valeur.	5	0/0
Bougies de toute sorte.	id.	5	0/0
Brosserie.	id.	5	0/0
Caoutchouc (Ouvrages en).	id.	5	0/0
Caractères d'imprimerie.	100 k.	14	84
Cardes de fil d'archal.	la valeur.	1	0/0
Cartes à jouer.	id.	5	0/0
Casques.	id.	5	0/0
Chandelles.	100 k.	6	36
Chanvre, étoupe et lin. Fils à coudre pour cordonnier.	id.	21	20
— Fils à voiles.	id.	2	12
— Fils, autres.	id.	6	36
—Tissus de toute sorte, purs ou mélangés; passementeries; rubans; tulles; dentelles; toiles à carreaux; coutils; damassés; batiste et toile de Cambrai; bonneterie; effets d'habillement neufs et supportés.	la valeur.	5	0/0
—Toiles à voiles, par rouleaux, ayant en longueur :			
42 mètres ou moins.	le rouleau.	»	64
Plus de 42 mètres.	id.	1	28
Chapeaux de toute sorte.	la valeur.	5	0/0
Chaux non éteinte.	l'hectolitre	»	06
— éteinte.	id.	»	03
Cheveux ouvrés.	la valeur.	5	0/0
Chocolat préparé au sucre.	100 k	53	»
Cidre.	l'hectolitre.	6	36
Cire (Ouvrages en).	la valeur	5	0/0
— à cacheter ou à sceller.	id.	5	0/0
Comestibles de toute sorte, c'est-à-dire, viande, poisson, gibier, volaille, légumes ou fruits préparés ou conservés en boîtes hermétiquement fermées; champignons et morilles; racahout; confection de moutarde; sauces épicées pour assaisonnement; fruits au jus naturel importés en flacons ou bocaux hermétiquement fermés; lait desséché et durci en tablettes, importé en boîtes hermétiquement fermées.	100 k.	53	»
Confiseries.	id.	53	»
Corail (Ouvrages en).	la valeur	5	0/0
Cordages en chanvre.	100 k.	1	06
— en fer.	id.	1	59

Cordes de boyau, pour instruments de musique.	la valeur.	5	0/0
Coton. Fils retors, teints ou non.	id.	3	0/0
—Fils bobinés.	id.	5	0/0
—Tissus de toute sorte, purs ou mélangés ; passementerie ; bonneterie ; rubanerie ; vêtements confectionnés neufs et vieux.	id.	5	0/0
Coutellerie.	id.	5	0/0
Cristal de roche ouvré.	id.	5	0/0
Cuir. Cuir pour semelles, pour harnais et pour selles.	id.	4	0/0
— de Russie.	id.	1	0/0
—Ouvrages en cuir.	id.	5	0 0
Cuirasses.	id.	5	0/0
Cuivre. Planches, feuilles et chevilles ; clous et fils non dorés.	100 k.	2	12
—Bassins, chaudières et autres articles semblables.	id.	8	48
—Autres ouvrages en cuivre.	la valeur.	5	0/0
Eaux minérales et gazeuses en bouteilles (1).	l. cent en nomb.	1	06
— — en cruchons.	id.	1	53
Ecaille (Ouvrages en)	la valeur.	5	0/0
Ecorces confites de citron et d'orange.	id.	5	0/0
— de melon.	100 k.	6	36
Epeautre mondé et non mondé.	l'hectolitre.	»	11
Epices (muscades ; clous et antoffes de girofle ; cannelle ; safran ; vanille ; graine de moutarde blanche, moulue fin et blutée).	la valeur.	5	0/0
Epingles.	id.	5	0/0
Etain (Ouvrages en).	id.	5	0/0
Farines de grains.	100 k.	»	11
— de gruau.	id.	»	11
— de graines de lin.	id.	»	32
— de riz.	id.	»	85
Fer. Ancres, chaînes de navires et cabestans.	la valeur.	1	0/0
Cordages, câbles et clous.	100 k.	1	50
Enclumes et ouvrages en fer forgé, battu ou laminé, non spécialement tarifés ainsi que les statues et les bustes.	la valeur.	5	0/0
Fer-blanc (Ouvrages en), vernis ou non, peints ou non.	id.	5	0/0
Feutres pour chapeaux.	id.	5	0/0
— à papier.	id.	1	0/0
Figues.	100 k.	2	12
Fleurs artificielles.	la valeur.	5	0/0
Fonte (Ouvrages en).	id.	5	0/0

(1) Lorsqu'elles sont en bouteilles de 7 litres ou plus, les eaux minérales sont assujetties à un droit de 8 cent. par bouteille.

Fromages de toute sorte (1).	100 k.	10	60
Fruits frais et secs, non spécialement tari- fés.	la valeur	5	0/0
— à l'eau-de-vie, au vinaigre et au sel.	id.	10	0/0
— au sucre ou au sirop.	100 k.	38	16
Gibier.	la valeur.	5	0/0
Gingembre confit.	100 k.	12	72
Glaces à miroir, étamées ou non.	la valeur.	5	0/0
Graines oléagineuses.	l'hectolitre	»	01
Grains mondés ou concassés de toute sorte, non spécialement tarifés.	100 k.	»	85
Gutta-percha (Ouvrages en). Voir le mot Caoutchouc.			
Horlogerie.	la valeur.	5	0/0
Huiles. Huile elaine ; huile dite photigène ; camphine ; huile de poix ; huile de gou- dron minéral ; huile de naphte et autres huiles de pierre ; huiles de faîne, de graines de coton, d'olive, d'œillette et au- tres huiles comestibles.	100 k.	1	17
Huiles de graines oléagineuses.	id.	2	34
— de senteur pour l'usage immédiat de la parfumerie :			
— — non préparées.	la valeur.	1	0/0
— — préparées.	id.	5	0/0
Hydromel.	l'hect. de liq.	6	36
Instruments de chirurgie, de mathémati- ques, de musique, d'optique et de physi- que.	la valeur.	5	0/0
Ivoire (Ouvrages en).	id.	5	0/0
Jus de limon et de citron (2).	l'hectolitre.	6	36
Laine. Fils de laine, simples, purs ou mélan- gés, teints ou non, soufrés ou non.	la valeur.	3	0/0
Tissus de laine, purs ou mélangés, y com- pris les draps et les casimirs ; passemente- rie ; bonneterie ; rubanerie ; vêtements neufs ou supportés.	id.	5	0/0
Légumes confits.	id.	5	0/0
— frais ou secs.	l'hectolitre.	»	11
Liége coupé ou façonné.	100 k.	21	20
Lin (voir le mot chanvre).			
Livres pour lesquels le droit d'auteur sub- siste encore.	. . . . .	Prohibés.	
Macaroni.			
Machines et mécaniques pour usines et pour l'agriculture.	la valeur.	1	0/0

(1) Le fromage dit *pot kass*, importé par terre, est exempt de droits.
(2) Les jus de limon et de citron devant servir exclusivement à la teinture des tissus
de coton sont exempts de droits.

Mélasses contenant 10 0/0 ou moins de sucre cristallisable.	100 k.	8	48
— contenant plus de 10 0/0 de sucre cristallisable.	id.	31	80
Mercerie.	la valeur.	5	0/0
Miel.	100 k.	5	30
Miroirs avec ou sans cadres.	la valeur.	5	0/0
Modes (Ouvrages de), y compris les fleurs artificielles ; les oiseaux de paradis, montés ; les plumes de parure, les plumets, les panaches et les formes pour chapeaux de femmes.	id.	5	0/0
Monnaies de cuivre ou flans à monnaie de cuivre.	. . . . . .	Prohibés.	
Munitions de guerre. Balles pour fusils et pistolets ; capsules à percussion.	la valeur.	5	0/0
—Boulets.	100 k.	1	59
Nacre de perle (Ouvrages en).	la valeur.	5	0/0
Nattes (autres que de Moscovie).	id.	5	0/0
Or. Or battu en feuilles ; fils d'or ; ouvrages en or.	la valeur.	5	0/0
Paille. Paille tressée en bandes ou en lès pour chapeaux.	id.	2	0/0
— en feuilles.	id.	5	0/0
—Garnitures en paille.	id.	5	0/0
Pain.	100 k.	»	85
Pain d'épice.	id.	53	»
Papier de toute sorte (y compris les registres en papier blanc ou réglé).	la valeur.	5	0/0
Parapluies et parasols.	id.	5	0/0
Parfumeries, c'est-à-dire, eaux de senteur autres qu'alcooliques, fard, huiles de lavande, de macassar, de rose et autres huiles de senteur.	id.	5	0/0
Pâtisserie.	100 k.	53	»
Peaux. Peaux grandes et petites de toute sorte, apprêtées, y compris le parchemin, les peaux de chien de mer et autres de même espèce.	la valeur.	2	0/0
— Pelleteries apprêtées.	id.	5	0/0
— Ouvrages en peau.	id.	5	0/0
Peignes à tisser.	id.	1	0/0
Pierres. Pierres moulues, broyées ou battues, dites *pierres fines*, telles que trass, pierres de tuf ou à ciment.	100 k.	1	59
— Pierres à aiguiser et à repasser ; pierres fausses.	la valeur.	5	0/0
—Ouvrages en pierre, y compris le marbre et l'albâtre, polis ou sculptés, les statues et les bustes.	id.	5	0/0

Piment.	100 k.	2	12
Plaqués.	la valeur.	5	0/0
Platine (platine étiré en fil et ouvrages en platine).	100 k.	21	»
Plâtre (ouvrages en plâtre).	la valeur.	5	0/0
Plomb. Plomb laminé.	100 k.	3	18
—Grenaille à giboyer et autres ouvrages en plomb.	id.	3	18
Poils ouvrés ou tressés.	la valeur.	5	0/0
Poiré.	l'hectolitre.	6	36
Poivre et grabeau de poivre.	100 k.	3	18
Pommes de terre (objets composés de farine de pommes de terre).	id.	4	24
Pompes à incendie avec leurs accessoires.	la valeur.	1	0/0
Poteries communes de grès ou de terre.	id.	5	0/0
—Porcelaine et faïence de toute sorte, non spécialement tarifées.	id.	5	0/0
—Pipes; formes neuves ou vieilles, pour raffineries de sucre.	id.	5	0/0
— Creusets.	id.	1	0/0
Poudres à poudrer.	100 k.	2	12
— à tirer (y compris les artifices pour divertissements).	id.	10	60
Produits distillés. Sous cette dénomination sont compris, indépendamment des liquides *non mélangés*, obtenus par la distillation et contenant de l'alcool :			
—Liqueurs, bitters et autres boissons distillées, analogues ; eaux de senteur ; vernis et autres liquides préparés avec l'alcool et ne servant pas comme boissons, quand lesdits liquides contiennent plus de 5 litres d'alcool par hectolitre à une température de 15 degrés centigrades (1).	l'hect. d'alcool à 50° centigr.	7	42
—Esprit de bois et tous autres liquides préparés ou mélangés avec l'esprit de bois.	l'hectol. de liq.	191	»
— Éther sulfurique (2), chloroforme et autres liquides similaires de toute sorte préparés avec l'alcool.	id.	265	»
Pruneaux.	100 k.	3	18
Raisins secs. Raisins de Corinthe.	id.	3	18
— de Samos et de Denia.	id.	»	53
— noirs, dits *Korent*.	id.	»	53
— autres que ceux dénommés ci-dessus.	id.	4	24
Revalenta arabica.	id.	»	85

(1) La quantité des produits distillés se calcule après qu'ils ont été réduits à une force de 50 p. 100 d'alcool.

(2) Les éthers composés ou essences de fruits, l'éther acétique, l'esprit de nitre dulcifié et les autres produits similaires contenant de l'alcool sont passibles du droit de 7 fr. 42 cent. par hectolitre d'alcool à 50 degrés centigrades.

Savon (1) dur et mou.	100 k.	9	54
— parfumé.	id.	12	72
Sel raffiné et résidus des raffineries de sel (2).	id.	25	44
Semoule.	id.	»	85
Sirops contenant 10 pour 100 au moins de sucre cristallisable.	id.	16	96
— plus de 10 pour 100.	id.	31	80
Soies. Soie moulinée, telle que soie à broder, à coudre, filoselle ou fleuret. Cordonnets de soie	la valeur.	3	0/0
—Tissus de soie, purs ou mélangés; passementerie; bonneterie; rubanerie.	id.	5	0/0
Son.	100 k.	»	85
Sucre raffiné et sucre brut mélangé de sucre raffiné.	id.	74	20
Sucreries.	id.	53	»
Tabac en feuilles ou en rôles.	id.	1	48
— Côtes de tabac non aplaties.	id.	1	48
— aplaties.	id.	3	18
—Tabac haché, tabac en carottes, tabac en poudre.	id.	25	44
— Cigares.	id.	84	80
Tapis et tapisserie de toute sorte.	la valeur.	5	0/0
Teintures broyées à l'huile (non compris l'encre d'imprimerie).	id.	5	0/0
Thé.	100 k.	53	»
Toiles cirées.	la valeur.	5	0/0
Toiles métalliques, de forme cylindrique, pour la fabrication du papier.	id.	1	0/0
Tourteaux de chenevis, de lin, de navette, d'œillette ou de pavot.	100 k.	»	52
Vannerie.	la valeur.	5	0/0
Vermicelle.	100 k.	4	24
Verrerie (verre et cristaux de toute sorte).	la valeur.	5	0/0
Viandes de mouton et de porc :			
— salées.	100 k.	2	12
— fumées ou séchées.	id.	2	65
— de gibier.	la valeur.	5	0/0
—Autres viandes de toute sorte, non spécialement tarifées :			
— fraîches ou salées.	100 k.	12	72
— fumées ou séchées.	id.	16	96
Vin de groseille.	l'hectolitre.	6	36

(1) Les savons sont, en outre, soumis à un droit d'accise de 21 fr. 20 cent. par 100 kil.

(2) Les sels sont également assujettis à un droit d'accise qui est de 19 fr. 08 cent. par 100 kil.

Vinaigres de toute sorte marquant à l'é-chelle B, de l'aréomètre des Pays-Bas :			
2 degrés de force ou moins.	l'hectolitre.	6	36
plus de 2 degrés de force (1).	id.	42	40
Voitures.	la valeur.	5	0/0
Volailles mortes ou vivantes.	id.	5	0/0
Zinc laminé, zinc en planches et en feuilles, fils et clous de zinc.	100 k.	»	64
— Ouvrages en zinc, vernis ou non vernis, peints ou non peints.	la valeur.	5	0/0
Articles non dénommés, fabriqués ou non fabriqués.	. . . . . .	Exempts.	
Voici ceux de ces articles qui sont soumis à des droits d'accise :			
Boissons distillées marquant 10 degrés de l'aréomètre des Pays-Bas (50 de l'alcoo-lomètre contésimal) à la température de 55 degrés du thermomètre de Fahrenheit (12 d. 78 du thermomètre centigrade).	l'hectol. de liq.	74	20
Liqueurs.	id.	110	24
Sucre brut.	id.	46	64
Vins.	id.	42	40

(1) Les vinaigres sont, en outre, soumis à un droit d'accise de 2 fr. 12 c. par hectolitre.

TRAITÉ AVEC L'AUTRICHE

EN VIGUEUR DEPUIS LE 1er JANVIER 1867.

Conclu pour dix ans.

DÉNOMINATION DES PRODUITS.	UNITÉS sur lesquelles portent les droits. (1)	DROITS applicables aux produits français importés sous pavillon français ou autrichien.
Acétates de fer.	100 k.	3 75
Acides muriatique.	id.	2 »
— nitrique.	id.	2 »
— oxalique.	id.	10 »
— sulfurique.	id.	2 »
Acier brut et de cémentation non façonné.	id.	7 50
— façonné.	id.	12 50
— filé et poli et cordes en acier pour instruments de musique.	id.	20 »
Alcools de toute sorte (droit de consommation compris).	id.	45 »
Aluminium, laminé, étiré.	id.	20 »
Argent faux, en feuilles.	id.	60 »
Argentan, laminé, étiré.	id.	20 »
Beurre (fondu, frais ou salé).	id.	10 »
Biscuits de mer.	....	Exempts.
Bois à brûler et à ouvrer.	....	id.
— Ouvrages communs.	....	id.
— Ouvrages fins.	id.	7 50
— Ouvrages tres-fins.	id.	30 »
Bonnets en baleine, copeaux, écorce, feuilles de palmier, joncs, paille, roseaux :		
— sans garniture.	id.	» 25
— avec garniture.	id.	» 50
Brosserie commune.	id.	15 »
Caoutchouc. Ouvrages non teints, non peints, non vernis, non gaufrés.	id.	37 50
— Ouvrages teints, peints, vernis, gaufrés.	id.	75 »
Cartes scientifiques.	....	Exemptes.
— à jouer.	100 k.	157 50

(1) Le traité n'indique pas si, pour les produits taxés spécifiquement, les droits devront être perçus sur le poids brut ou sur le poids net.

Cartons de peintre.	100 k.	15 »
Chanvre. Fils à la main, écrus.	. . . .	Exempts.
— Fils à la mécanique, écrus.	100 k.	13 15
— Fils blanchis ou teints, mais non retors.	id.	22 50
— Ouvrages de corderie, blanchis ou non, et toile d'emballage.	id.	3 75
— Coutils et treillis (bruts non façonnés), seaux à incendie en toile non blanchie ; couvertures de pied et de voiture ; tapis de pied ordinaires, même teints et façonnés.	id.	30 »
— Toiles ayant plus de 100 fils par pouce courant de Vienne (0 m. 26 mill.) ; passementerie, bonneterie, boutonnerie et rubannerie.	id.	225 »
— Batiste, gaze, linons et autres tissus légers ; dentelles, blondes, tissus brodés et tissus combinés avec du métal ou du verre filé.	id.	350 »
— Tissus de lin épais non dénommés.	id.	125 »
Vêtements confectionnés :		
En tissus épais, blanchis.	id.	150 »
En toiles ayant plus de 100 fils par pouce courant de Vienne.	id.	250 »
En tissus légers (batiste, gaze, linons, etc.).	id.	325 »
Chapeaux de feutre.	id.	250 »
— en baleine, copeaux, écorce, feuilles de palmier, joncs, paille, roseaux :		
— sans garniture.	la pièce.	» 25
— avec garniture.	id.	» 50
Chaudronnerie.	100 k.	37 50
Chocolat.	id.	50 »
Cidre.	id.	30 »
Cire blanche ou jaune.	id.	12 50
Clichés d'images.	. . . .	Exempts.
Coton. Fils écrus.	100 k.	20 »
— Fils blanchis.	id.	30 »
— Mèches tissées ; résilles, sangles, filets pour la pêche.	id.	75 »
— Tissus légers (non façonnés) écrus ; tissus épais, même croisés, tirés à poil ou apprêtés, blanchis, teints.	id.	125 »
— Rubannerie, boutonnerie, passementerie, bonneterie et tissus imprimés de toute sorte.	id.	225 »
— Tisus légers, à l'exception de ceux indiqués au paragraphe suivant.	id.	350 »
— Tulles (façon d'Angleterre) bobinets, petinets, dentelles, tissus brodés et tous autres ouvrages combinés avec du fil de métal ou du verre filé.	id.	500 »

Vêtements confectionnés :		
En tissus lisses, écrus, et en tissus épais, même croisés, tirés à poil ou apprêtés, blanchis, teints.	100 k.	150 »
En tissus épais, blanchis, teints, velours et façon velours.	id.	250 »
En tissus légers, à l'exception des tulles.	id.	325 »
En tissus épais, blanchis, teints, lisses, en velours et en façon velours (ras ou non).	id.	625 » (1)
Crayons.	id.	60 »
Crin (Ouvrages en crin pur).	id.	25 »
Cuirs communs.	id.	15 »
— fins.	id.	50 »
Cuivre jaune et rouge, laminé et étiré.	id.	20 »
— jaune trituré (poudre de bronze).	id.	37 50
Eau régale.	id.	2 »
Encre à écrire.	id.	60 »
Essence de punch.	id.	75 »
Estampes.	. . . . . .	Exemptes
Étain en barres, en plaques, en feuilles, en tuyaux.	100 k.	12 50
— Ouvrages communs (tels que plats, assiettes, etc.).	id.	12 50
— autres.	id.	22 50
Fanons de baleine.	id.	7 50
Fer vieux en morceaux; pailles et limailles.	id.	2 »
— en barres.	id.	12 50
— en grosses pièces, grossièrement forgées.	id.	12 50
Ouvrages en fer, non adoucis, non polis, non émaillés, non vernis.	id.	22 50
Ouvrages en fer, fins.	id.	60 »
Fleurs artificielles.	id.	625 » (2)
Fourrures brutes.	id.	22 50
— confectionnées.	id.	250 »
Fruits de table, préparés ou confits.	id.	3 93
Gants en peau.	id.	225 »
Goudron.	. . . . . .	Exempt.
Gravures sur acier, sur bois et sur cuivre.	. . . . . .	Exemptes.
Huiles d'olive, de coaco, de palme, de noix (en bouteilles et en cruches).	100 k.	25 »
— autres que celles indiquées ci-dessus (en futailles, en outres ou en vessies).	id.	3 75
Instruments d'astronomie, de chirurgie, de mathématiques, d'optique (à l'exception des bésicles et lorgnettes de théâtre montées), de physique et de chimie pour laboratoire seulement.	. . . . . .	Exempts.

(1) A partir du 1er janvier 1872, ce droit sera réduit à 425 fr.
(2) A partir du 1er janvier 1872, ce droit sera réduit à 425 fr.

Laine moulue, blanchie, teinte.	. . . . . .	Exempte.
—Fils non teints, ni retors, à trois bouts ou plus.	100 k.	3 75
— Couvertures tirées à poil ; drap grossier pour vareuse, drap de matelot, drap brut, toiles huilées, drap à filtrer, fonds de tamis, rognures de chapeaux, lisières de drap, tapis de pied en poil de chien, de veau et de bêtes à cornes, feutres goudronnés, réseaux et filets à nœuds (les uns et les autres non teints) ; semelles feutrées pour bottes et souliers, sangles.	id.	25 »
—Tissus foulés non imprimés et autres que ceux façon velours ; feutres non imprimés.	id.	125 »
—Tissus façon velours et tous tissus épais, non foulés ; boutonnerie, bonneterie et ouvrages de passementerie.	id.	225 »
— Tissus légers, fichus et châles, dentelles (châles en dentelle), tissus brodés et tous ouvrages combinés avec des métaux ou du verre filé.	id.	350 »
Vêtements confectionnés :		
— En tissus foulés non inprimés, en tissus recouverts de caoutchouc.	id.	150 »
— façon velours et en tissus épais, non foulés.	id.	250 »
— légers.	id.	325 »
Lin (voir le mot Chanvre).		
Liqueurs spiritueuses (même celles sucrées).	id.	75 »
Lithographies.	. . . . . .	Exemptes.
Livres en langues mortes ou étrangères.	. . . . . .	Exempts.
Machines dont la matière domin. en poids est : en fonte.	id.	10 »
— en autres métaux communs.	id.	30 »
Marrons.	id.	3 75
Métaux communs (Ouvrages en) dorés ou argentés, à l'exception des articles de bijouterie.	id.	250 » (1)
Miel.	id.	3 75
Moût de raisin et d'autres fruits.	id.	30 »
Muriate de potasse.	id.	2 »
Musique imprimée.	. . . . . .	Exempte.
Nickel laminé et étiré.	100 k.	20 »
Or faux, en feuilles.	id.	60 »
Oxalate de potasse.	id.	10 »
Oxyde de zinc.	id,	7 50

(1) Ce droit sera réduit à 125 fr. le 1er janvier 1872.

Paille (Ouvrages en) sans combinaison avec d'autres matières.	100 k.	5	»
Papier non collé, non spécialement dénommé.	id·	7	50
— à calquer; collé; colorié; de craie; imprimé; réglé; lithographié; gutta-percha; pelure, rendu transparent au moyen de l'huile ou de la cire.	id.	15	»
— en rouleaux pour tenture.	id.	20	»(1)
— gaufré ou découpé à jour à l'emporte-pièce, doré ou argenté.	id.	40	»
— à vignettes d'or ou d'argent, fin, faux ou bronzé.	id.	40	»
— Ouvrages en papier.	id.	60	»
Parfumeries.	id.	60	»
Pâtes.	id.	12	50
Photographies.	. . . .	Exemptes.	
Pierre (Ouvrages communs en).	. . . .	Exempts.	
Plaques d'impression, d'images en métaux communs ou en bois.	. . . . . .	Exempts.	
Plomb. Tuyaux, conduits, plaques, caractères d'imprimerie.	100 k.	12	50
— Autres ouvrages.	id.	22	50
Plumes à écrire (d'oiseau), brutes et apprêtées.	. . . . . .	Exemptes.	
— à écrire, en métaux, autres que d'or ou d'argent.	100 k.	60	»
— à lit.	. . . .	Exemptes.	
— de parure, non apprêtées.	. . . . . .	id.	
Poix.	. . . . . .	Exempte.	
Porcelaine blanche.	100 k.	22	50
Savons (2) ordinaires.	id.	6	25
— fins.	id.	15	»
— parfumés.	id.	25	»
Sels ammoniacaux.	id.	3	»
Soies. Tissus moitié soie, c'est-à-dire dont la chaîne ou la trame consistent, prises séparément ou ensemble, principalement en soie ou en fleuret, ainsi que bonneterie dont le fil à maille consiste principalement en soie ou fleuret; châles en soie et en laine; velours, longs poils, peluches, baréges, mousselines, gazes et autres tissus légers.	id.	300	»
—Rubannerie, passementerie et bonneterie.	id.	300	»
—Articles en soie ou fleuret pur, blondes de toute espèce, dentelles, châles à dentelles et tissus brodés de toute espèce.	id.	600	»(3)

(1) A partir du 1er janvier 1872, ce droit sera réduit à 15 fr.

(2) Si le droit afférent au contenant des savons est plus élevé que le droit sur ces produits, on perçoit celle des deux taxes qui est la plus forte.

(3) Au 1er janvier 1872, ce droit sera réduit à 400 fr.

Soies. Ouvrages de toute sorte combinés avec des métaux filés ou du verre filé.	100 k.	600	»(1
—Vêtements confectionnés :			
en tissus moitié soie, y compris ceux dans la confection desquels entrent des tissus passibles d'un droit inférieur à 125 francs par 100 kilogrammes.	id.	325	»
en tissus de soie pure.	id.	625	»
Soude caustique.	id.	10	»
Sulfates de potasse et de soude.	id.	2	»
Tableaux sur bois, sur pierre, sur toile et sur métaux communs (non vernis).	....	Exempts.	
Vernis à l'esprit de vin.	100 k.	45	»
Verre mi-fin, c'est-à-dire moulé, taillé, dépoli, sculpté, façonné, massif ; pendeloques de lustre (tous ces objets non colorés) ; boutons, corail, perles, émail, gouttes de verre, même colorées.	la valeur.	10 0/0	
—Verre de couleur, peint, doré, argenté, avec incrustations de camées, vitrifications, verre à glace taillé, étamé ou non étamé, verre à glace non taillé, mais étamé,	id.	10 0/0	
Viandes préparées (c'est-à-dire salées, fumées et lard).	100 k.	7	50
Vinaigre en bouteilles et en cruchons.	id.	25	»
Vins en bouteilles, en cruches, en futailles et en outres.	id.	29	90
Zinc (Vaisselle en).	id.	22	50

(1) Au 1er janvier 1872, ce droit sera réduit à 400 fr.

TRAITÉ AVEC LE PORTUGAL

EN VIGUEUR DEPUIS LE 1er SEPTEMBRE 1867

Conclu pour douze ans.

DÉNOMINATION DES PRODUITS.	UNITÉS sur lesquelles portent les droits. (1)	DROITS applicables aux produits français importés sous pavillon français ou portugais. (2)	
Acier (Outils en).	100 k.	16	»
Agrafes (Excepté celles en or ou en argent).	la valeur.	15	0/0
Bijouterie de métal (autre que celle d'or ou d'argent).	id.	15	0/0
Bois (Ouvrages en). Cadres, baguettes et moulures de cadre, en bois, ou en pâte de toute espèce.	id.	20	0/0
— Outils en bois.	100 k.	16	»
— Meubles en bois, garnis ou non.	la valeur.	25	0/0
— Ouvrages en bois non dénommés.	id.	25	0/0
Bronzes.	100 k.	156	»
Brosses avec montures en bois, de toute sorte.	id.	312	»
— Autres.	id.	500	»
Cartes à jouer.	la valeur.	15	0/0
Cartonnages avec ou sans ornements.	id.	15	0/0
Chanvre ou lin. Fils simples, écrus ou blanchis.	100 k.	94	»
— — simples, teints.	id.	125	»
— — retors, écrus, blanchis ou teints.	id.	187	»
— Tissus. Toiles à voiles de toute espèce, écrues ou blanchies.	id.	94	»
Chapeaux de femmes, garnis ou non.	la valeur.	20	0/0
Chaussures de toute espèce.	la paire.	2	50
Chevaux.	par tête.	14	37
Coiffures de femmes.	la valeur.	20	0/0
Cuivre. Ouvrages en cuivre pur ou allié de toute sorte, tels que bronze, objets d'ameublement, d'éclairage ou de chauf-			

(1) Le traité n'indique pas si, pour les produits taxés spécifiquement, les droits devront être perçus sur le poids brut ou sur le poids net.

(2) Aux taxes inscrites dans ces colonnes il faut ajouter 3 p. 100 pour droits dits d'*émoluments*.

fage ; ouvrages de chaudronnerie ; clous ; boutons unis, façonnés ou émaillés ; ustensiles de ménage, de cuisine et autres.	100 k.	125	»
—Outils en cuivre, de toute sorte.	id.	16	»
Epingles (autres que celles en or ou en argent).	la valeur.	15	0/0
Fer. Outils en fer de toute sorte.	100 k.	16	»
— Ouvrages en fer forgé ou laminé : bruts.	id.	62	»
polis, vernis, peints, étamés ou émaillés, y compris les ornements.	id.	100	»
Fleurs et feuillages artificiels.	la valeur.	20	0/0
Fonte. Ouvrages en fonte de fer : bruts.	100 k.	25	»
vernis, peints, revêtus de zinc ou de cuivre, étamés ou émaillés.	id.	50	»
bruts, vernis, peints ou revêtus de zinc, d'étain ou de cuivre, quand chaque pièce pèse plus de 100 kil.	id.	6	»
Fournitures de bureau.	la valeur.	15	0/0
Instruments d'agriculture ou de jardinage.	100 k.	1	20
Instruments pour les arts et métiers : en matières autres que les terres cuites, le cristal ou le verre.	id.	16	»
en terre cuite, en cristal ou en verre.	id.	»	60
Jeux de toute espèce.	la valeur.	15	0/0
Juments.	par tête.	14	37
Jute (Fils de) écrus, blanchis ou teints.	la valeur.	5	0/0
Laine. Laine en masse teinte.	id.	1	0/0
— Tulles et dentelles de laine ou de poil.	100 k.	6	25
— Mérinos d'une seule couleur.	id.	6	25
— — de plusieurs couleurs.	id.	8	12
— Châles de mérinos d'une ou de plusieurs couleurs.	id.	20	43
— Passementerie et galons de laine ou de poil pur, ou avec un mélange de 10 0/0 ou moins en quantité de fils.	id.	5	»
Lin (Voir le mot Chanvre).			
Maroquinerie (Ouvrages en).	la valeur.	15	0/0
Métaux dorés ou argentés par toute espèce de procédés (Ouvrages en).	100 k.	156	»
Meubles en bois, garnis ou non.	la valeur.	25	0/0
Mules et mulets.	par tête.	6	87
Outils pour l'agriculture et le jardinage.	100 k.	1	20
— pour les arts et métiers, en acier, en bois, en cuivre ou en fer.	id.	16	»
Outils pour les arts et métiers, en poterie de grès ou autre, en porcelaine ou en verre.	id.	»	60
Parapluies et parasols.	la valeur	20	0/0

Parfumerie préparée de toute espèce.	la valeur.	10	0/0
Peau (Ouvrages en). Ouvrages en peau, tels que portefeuilles, porte-cigares, porte-monnaie, carnets, étuis, sacs, nécessaires et trousses, bourses, etc., garnis ou non.	id.	15	0/0
Plaqués d'or ou d'argent.	100 k.	156	»
Plumes à écrire de toute sorte.	la valeur.	15	0/0
Poils (Tissus de). (Voir issus de laine.)			
Poulains.	par tête.	14	37
Quincaillerie.	la valeur.	15	0/0
Soies. Soies grèges et moulinées écrues , blanchies ou azurées.	100 k.	31	»
— Soies grèges et moulinées, teintes.	id.	125	»
— à coudre écrues, blanches ou teintes.	id.	625	»
— Tissus de soie pure, unis, façonnés ou brochés; rubans de soie pure ou mélangée ; velours de soie pure ou mélangée.	id.	3875	»
— Peluche de soie pure ou mélangée.	id.	1875	»
— Soies avec fils de laine, de poil et autres, mais les fils de laine ou de poil dominant en quantité les autres fils, quand, dans le nombre total des fils du tissu en chaîne et en trame, le nombre des fils de soie sera :			
de plus de 50 0/0.	id.	3875	»
de 50 0/0.	id.	3125	»
de plus de 10 0/0 et de moins de 50 0/0 :			
Châles.	id.	2187	»
Tissus autres que les châles.	id.	1312	»
de 10 0/0 et au-dessous.	id.	625	»
— avec fils de lin, de chanvre, de coton et autres, mais ces fils dominant en quantité les autres fils (de laine ou de poil) quand, dans le nombre total des fils du tissu, en chaîne et en trame, le nombre des fils de soie sera :			
de plus ds 50 0/9.	id.	3875	»
de 50 0/0.	id.	2500	»
de plus de 10 0/0 et de moins de 50 0/0.	id.	1125	»
de 10 0/0 et au-dessous.	id.	625	»
Tabletterie de bois.	id.	15	0/0
Végétaux filamenteux non dénommés, écrus, blanchis ou teints (Fils de).	id.	5	0/0
Vin.	l'hectolitre.	31	20
Vinaigr e.	id.	12	50
Voitures pour le transport des personnes.	la valeur.	25	0/0

TRAITÉ AVEC LES ÉTATS-PONTIFICAUX

EN VIGUEUR DEPUIS LE 1er NOVEMBRE 1867.

Conclu pour dix ans.

DÉNOMINATION DES PRODUITS.	UNITÉS sur lesquelles portent les droits. (1)	DROITS applicables aux produits français importés sous pavillon français ou sous pavillon des Etats-Pontificaux.	
Bonbons.	100 k. n.	36	87
Bougies stéariques.	id. b.	22	12
Bronze (Ouvrages en).	id. n.	88	50
Carbonate de plomb.	id.	14	75
Chanvre (Tissus de lin et de chanvre). Tulles, filoches à mailles fixes et les similaires, y compris les tissus gommés ou apprêtés, dits *crivelotti*.	id.	354	»
— Tulles, filoches à mailles fixes et les similaires, façonnés ou brodés, y compris les dentelles fines.	id.	531	»
Coton (Tissus de coton). Toiles à usage, dites sangallines.	id.	35	40
— Toiles peintes en pièces.	id.	63	42
— Velours et peluches.	id.	63	42
— Futaines, basins, piqués et les similaires.	id.	63	42
— Tissus cirés ou autrement apprêtés.	id.	63	42
— Tissus blancs, unis, autres que ceux dénommés séparément.	id.	63	42
— Tissus blancs, unis, transparents ou demi-transparents.	id.	63	42
— Guinées ou cotonnades blanches ou écrues, unies.	id.	63	42
— Tissus imprimés, de couleur, rayés, et les similaires.	id.	97	35
— Tissus façonnés, damassés, à poils blancs ou de couleur.	id.	97	35
— Rubans, passementerie, cordons et les similaires.	id.	97	35
— Ouvrages à mailles.	id.	97	35
— Tissus non spécialement dénommés.	id.	97	35

(1) Les lettres *b* et *n* placées dans cette colonne ont pour but d'indiquer si, pour les marchandises taxées spécifiquement, les droits sont perçus sur le poids brut ou sur le poids net.

— Tissus brodés, même avec fils de lin ou de chanvre.	100 k. n.	194	70
— Tulles, filoches à mailles fixes et les similaires tissés, y compris les tissus gommés ou apprêtés, dits *crivelotti*.	id.	182	90
Dragées.	id.	36	87
Eaux-de-vie et esprits (1).	id. b.	14	75
Fer (Ouvrages en).	id. n.	14	75
Fonte (Ouvrages en).	id.	14	75
Instruments. Instruments de chimie, d'optique, de calcul, d'observation et les similaires.	id. b.	»	15
— Instruments pour la chirurgie.	id. n.	14	75
— Instruments en fer, pour l'agriculture.	id.	7	37
— Instruments servant aux arts et métiers.	id.	14	75
Laine (Tissus de laine), mélangés de lin, de chanvre ou de coton ; serge ; prunelles ; escots ; camelots ; bouracans ; velours ; peluches et les similaires.	id.	147	50
— Droguets.	id.	147	50
— Tissus tirés à poils ; calmoucks ; borgonzoni et autres tissus similaires.	id.	265	50
Lin (Tissus de). (Voir le mot Chanvre.)			
Livres. Livres en feuilles et brochés.	id.	15	80
— Livres reliés, en parchemin ou en carton, même recouverts de toile ou de mousseline.	id.	22	»
— Livres reliés de toute autre manière.	id.	59	»
— Livres ayant servi, reliés de toute manière.	id.	15	80
Papiers de toute sorte.	id.	36	87
Pâtes sucrées.	id.	36	87
Peaux taillées pour bottes, souliers et les similaires.	id.	88	50
— ouvrées, de toute sorte.	id.	177	»
— apprêtées, sans poil, blanches ou de couleur.	id.	73	74
Pelleteries non ouvrées de première classe, brutes ou apprêtées.	id.	118	»
— — de deuxième classe, brutes ou apprêtées.	id.	73	74

(1) Outre le droit indiqué ci-dessus, les eaux de vie et les esprits sont soumis à une taxe de consommation spéciale à la ville de Rome. Cette taxe s'élève à 17 fr. 70 cent. par 100 kilogr.

Pelleteries non ouvrées de troisième classe, brutes ou apprêtées.	100 k. n.	36	87
Pelleteries ouvrées, de toute sorte.	id.	191	75
Porcelaines. Porcelaine blanche, même avec bordures et raies de couleur, mais non dorée, ni argentée.	id.	14	75
— Porcelaine dorée ou argentée, peinte ou imprimée.	id.	29	50
Soies. Tissus de soie pure ou mélangée de bourre de soie ou de filoselle, unis ou ouvrés.	id.	442	50
— brodés.	id.	885	»
— en passementerie.	id.	442	50
— cousus ou travaillés, pour parapluies.	id.	442	50
— cirés ou préparés de toute autre manière.	id.	295	»
— mélangés d'or ou d'argent, unis ou brochés.	id.	442	50
— mélangés d'or ou d'argent, brodés.	id.	885	»
— mélangés de toute autre matière.	id.	345	15
— Les mêmes en passementerie.	id.	345	15
— gommés pour crinolines.	id.	345	15
— en voiles, tulles, filoches unies.	id.	442	50
— Les mêmes brodés, y compris les blondes.	id.	885	»
— Dentelles à mailles.	id.	442	50
— Tissus de bourre de soie, purs ou mélangés de toute autre matière que la soie.	id.	345	15
— Les mêmes tissus en passementerie ou en travaux à mailles.	id.	345	15
Sucres (1) raffinés, de toute qualité.	100 k. b.	19	76
— en poudre pour les raffineries.	id.	19	76
Verres à vitres pour fenêtres.	id.	11	80
— polis d'un seul côté, pour toitures ordinaires.	id.	5	90
Vins (2) ordinaires en bouteilles.	id.	20	65
— de luxe, en futailles, ou en tout autre récipient.	id.	20	65

(1) Au droit de 19 fr. 76 c. indiqué ci-dessus, il faut ajouter la taxe d'octroi qui est de 4 fr. par 100 kilogrammes.

(2) Outre le droit indiqué ci-dessus, les vins sont soumis à une taxe de consommation spéciale à la ville de Rome. Cette taxe est de 3 fr. 75 c. par 100 kilogrammes.

TABLE DES MATIÈRES

	Pages.
Tarif conventionnel français.	7
Traité avec l'Angleterre.	39
— la Belgique.	42
— le royaume d'Italie.	50
— la Suède.	63
— la Norwège.	69
— le Zollverein.	75
— la Suisse.	89
— les Pays-Bas.	106
— l'Autriche.	114
— le Portugal.	120
— les États-Pontificaux.	124

FIN DE LA TABLE.

Paris. Typ. A. PARENT, rue Monsieur-le-Prince, 31.